BESTACTIVITYBOOKS.COM

Découvrez des Jeux Gratuits en Ligne

Disponible Ici :

BestActivityBooks.com/FREEGAMES

5 ASTUCES POUR DÉMARRER !

1) COMMENT RÉSOUDRE LES MOTS MÊLÉS

Les puzzles sont dans un format classique :

- Les mots sont cachés sans espaces, tirets, ...
- Orientation : Les mots peuvent être écrits en avant, en arrière, vers le haut, vers le bas ou en diagonale (ils peuvent être inversés).
- Les mots peuvent se chevaucher ou se croiser.

2) UN APPRENTISSAGE ACTIF

Un espace est prévu à côté de chaque mots pour noter la traduction. Pour favoriser un apprentissage actif un **DICTIONNAIRE** à la fin de cette édition vous permettra de vérifier et étendre vos connaissances. Cherchez et notez les traductions, trouvez-les dans le Puzzle et ajoutez-les à votre vocabulaire !

3) MARQUEZ LES MOTS

Vous pouvez inventer votre propre système de marquage. Peut-être en utilisez-vous déjà un ? Sinon, vous pourriez, par exemple, marquer les mots qui ont été difficiles à trouver d'une croix, ceux que vous avez aimés d'une étoile, les mots nouveaux d'un triangle, les mots rares d'un diamant, etc...

4) STRUCTUREZ VOTRE APPRENTISSAGE

Cette édition vous offre un **CARNET DE NOTES** très pratique à la fin du livre. En vacances ou en voyage ou à la maison, vous pouvez facilement organiser vos nouvelles connaissances sans avoir besoin d'un second bloc-notes !

5) VOUS AVEZ FINI TOUTES LES GRILLES ?

Allez à la section bonus **CHALLENGE FINAL** pour trouver un jeu gratuit à la fin de cette édition !

Simple et Rapide ! Découvrez notre collection de livres d'activités pour votre prochain moment de détente et **d'apprentissage**, à juste un clic de distance !

Trouvez votre prochain défi sur :

BestActivityBooks.com/MonProchainLivre

À vos marques, prêts... Partez !

Saviez-vous qu'il existe environ 7 000 langues différentes dans le monde ? Les mots sont précieux.

Nous aimons les langues et avons travaillé dur pour créer les livres de la plus haute qualité pour vous. Nos ingrédients ?

Une sélection des thématiques d'apprentissage adaptée, trois belles parts de divertissement, puis nous ajoutons une cuillère de mots difficiles et une pincée de mots rares. Nous les servons avec soin et un maximum de plaisir pour vous permettre de résoudre les meilleurs jeux de mots mêlés qui soient et d'apprendre en vous amusant !

Votre avis est essentiel. Vous pouvez participer activement au succès de ce livre en nous laissant un commentaire. Nous aimerions vraiment savoir ce que vous avez préféré dans cette édition !

Voici un lien rapide qui vous mènera à la page d'évaluation de vos commandes :

BestBooksActivity.com/Avis50

Merci pour votre aide et amusez-vous bien !

De la part de toute l'équipe

1 - Été

```
H C P L Z S S F R Ë N N D L
Z A J Z B T A V A R X N A G
R M A T K Ä N F C M Z G U D
C P V X R R D R L Y I N E R
L I A P E E A É O J O L R E
R N K O E N L I U B P O L L
S G A R S H E S M A C L V A
D S N M G I R C I E F H L X
E P Z F A M C H E R N Z Z A
W L B H R M S T R A N D U T
O A U E D E V Q W A W G G I
W Z B A E L E M U S I K H O
V Z C P N Y Z D R H B S H U
U N C P K T Q P L A R K X N
```

FRËNN   MIER
CAMPINGSPLAZ   MUSIK
STÄRENHIMMEL   MAT
FAMILL   STRAND
GARDEN   DAUER
MVP   RELAXATIOUN
FREED   SANDALE
CHERN   VAKANZ
FRÉISCHT   REES

2 - Adjectifs #2

```
E J N J Q V S A L T A H W I
M L B S C H L A F R I Y Ë N
F R E S P O N S A B L E L T
S V R G I F T É I E R T L E
P K U B A R E N G V W A T R
L L M S Y N A T U R E L L E
G I T N D S T E R K G Y U S
K E E D E S K R I P T I V S
R S S P R O D U K T I V A
E J X O E O N K N T B W A N
A O K B N N E I M G R O Z T
T F I O J D S T O L Z K V A
I F D R A M A T I S C H P G
V D R Ë C H T G G X K F X X
```

LIESEN	NATURELL
BERUMT	NEI
KREATIV	PRODUKTIV
DESKRIPTIV	RENG
GIFTÉIERT	RESPONSABLE
DRAMATISCH	GESOND
ELEGANT	SALT
STOLZ	WËLLT
STERK	DRËCHT
INTERESSANT	SCHLAF

3 - Exploration

```
K T N T Q U K S R E E S W O
Y U J P A O L F P S I F O D
Y U R K U L T U R R S K A É
K G P A G G W T Y K O S P I
X C Z A U I M Y B X D O I E
B E S T Ë M M U N G R V C R
T X W O N B E K A N N T S H
M J Ë E R S C H Ö P F U N G
T C L Y K Q O W S S N R V H
G Y L S V B V W F W J E B Z
A K T I V I T É I T M G I Y
E N T D E C K U N G O T P R
C O U R A G É I E R T P U C
Q V G O M W N F X G J C P V
```

AKTIVITÉIT
DÉIER
COURAGÉIERT
KULTUR
ENTDECKUNG
BESTËMMUNG
RAUM

ERSCHÖPFUNG
ONBEKANNT
SPROOCH
NEI
WËLLT
REES

4 - Formes

```
E N Z P R I S M A R C P J X
X L Y C M E G A M I N X I T
O C L Q Q O C T R U K H T N
K E I I D G Z H E K E U J J
R N N L P J V E T Z C U R Z
E L D S O S M S Q E K I U V
E F E G L U F Ä S O C C T D
S S R K Y Q R I V V Q K O R
O V A L G V F T T E O A W I
K K Z E O K E G E L I N N E
Y H I Z N N T V D U Q T H E
H Y P E R B E L O D B E E K
M A W V Y P W E D C E U D E
T T N X P B U H Y B J U S L
```

ARC	ELLIPS
KANTE	HYPERBEL
KREES	LINN
ECK	OVAL
KURV	POLYGON
KEGEL	PRISMA
SÄIT	RECHTECK
MEGAMINX	DRIEEKEL
ZYLINDER	

5 - Salle de Bains

```
A T M Z T S H A M P O O H B
M D D O Z C P A R F U M A U
D O U S C H D I P C Q D N B
W C B W H E S D E Z C A D B
A Y A A J R J E N G S M D E
A Y S S D E I Y E S E P U L
S L X S L F B Z B F B L C S
S F A E S C H W A M Z I H M
E E C R S P A W E C K K Q Q
R M F H D G L Y L O T I O N
T Y Z A P F X E W I W C N D
C R P H E W F F V X F C E M
L Y V N G N K A B G O L V I
K C G A H P U S F L Y M Y D
```

BAD	PARFUM
BUBBELS	WASSERHAHN
SCHERE	SEEF
DOUSCH	HANDDUCH
WAASSER	SHAMPOO
SCHWAMZ	SPAWECK
LOTION	WC
SPIEGEL	DAMP

6 - Outils de Cuisine

```
R M W M A M S S C H E R E L
J B F O S V I P Q W C L Y B
S P A C H T E L A W D P V E
L E G L I R B D B W M G O N
I H J H Y A Y B S F E W E K
M V E A S N H D U J S C P E
T F O R S C H E T T S I K T
O R E U D Q H N I B E A S T
D I R Z X E Q U J F R B S E
X G Y P B A C K O F E N C L
S O F M K M E K R E I B E K
K E L Ë S C H T E K H X L I
Y N P K D O Z X E L Z B Z H
B E S T I C K F I Q G J P U
```

KETTEL	FORSCHETT
SCHERE	SPAWECK
MESSER	SIEB
DECKEL	HERD
BESTICK	REIBE
LËSCHT	FRIGOEN
BACKOFEN	SPACHTEL

7 - Adjectifs #1

```
A V S C H W É I E R A S E S
W K I O A F S V I E B A X C
A K T I V T T T W H S T O H
T T G J O N G B I R O T T É
T Q V R L U E S C G L R I I
H M Y Z O G G N H E U A S N
D O H W B U F X T I T K K É
I D E N T I S K E Z B T X I
X E N U K F A S G I R I A S
A R O M A T I S K G Z V J C
T N W C E Q V I L L E N Z H
C R V T S M O N S C H O L T
A R T I S T I K Y N D Ë N N
P E R F E K T J O V S T E L
```

ABSOLUT	ÉISCHT
AKTIV	IDENTISK
EHRGEIZIG	WICHTEG
AROMATISK	ONSCHOLT
ARTISTIK	JONG
ATTRAKTIV	LUES
SCHÉIN	SCHWÉIER
EXOTISK	DËNN
GROUSS	MODERN
VILLEN	PERFEKT

8 - Instruments de Musique

```
M  Z  J  M  S  C  C  X  H  G  O  N  G  F
A  J  H  O  A  E  B  D  I  A  I  L  I  U
N  G  E  I  X  L  G  D  Z  P  R  T  K  L
D  R  U  M  O  L  F  G  W  E  D  F  A  Y
O  T  H  Q  P  O  A  S  G  R  J  L  E  R
L  Z  T  A  H  I  A  V  U  K  P  Z  Z  A
I  A  I  Q  O  Y  A  W  N  U  I  T  H  Z
N  O  M  L  N  F  T  N  A  S  D  R  P  J
E  O  B  O  E  L  I  J  O  S  H  O  G  B
M  A  R  I  M  B  A  S  E  I  B  M  J  A
K  L  A  R  I  N  E  T  T  O  Y  P  K  S
B  A  S  S  P  O  S  A  U  N  E  E  U  S
T  A  M  B  U  R  I  N  G  L  D  T  O  U
H  O  H  L  S  C  H  R  A  U  B  E  N  N
```

HOHLSCHRAUBEN	PERKUSSION
BASSUN	PIANO
KLARINETT	SAXOPHON
FL	DRUM
GONG	TAMBURIN
GITAR	BASSPOSAUNE
HARFE	TROMPET
OBOE	GEI
MANDOLINE	CELLO
MARIMBAS	

9 - Échecs

```
S P I L L G D J O A S U U K
T W R F C S P I L L E R I E
R B Ä H T H D W A V Q Q C N
A U Y I S Q E X E G V C S G
T V U L S Q U Q V S O O E B
E X Z K Y S Z E I T F N G W
G I C X T Z S R E S J C A V
I P E F G E H G J N V O G L
E A C H A M P I O N D U É H
N S S C H W A A R Z U R I W
B S R E G E L E N D N S G Y
V I T O U R N O I T N O N G
E V B P I H J G H J K B E O
N K M X D W I G M I G F R I
```

GÉIGNER
WÄISS
CHAMPION
CONCOURS
DIAGONAL
SPILL
SPILLER
SCHWAARZ

PASSIV
QUEEN
REGELEN
KENG
DUNN
STRATEGIE
ZEIT
TOURNOI

10 - Herboristerie

```
P E T E R S I L I E B I Q A
R O S M A R I N F R V U U M
B E N E F I Z I E L L E A S
B B L U K U L I N A R Y L A
E A K W A U G M C V D T I F
A S J G R G R A H E B H T I
N I T A O O É J E N R I É E
Y L Q R M U N O L D K M I N
K I H D A S G R S E R E T T
X K M E T G Z A A L C I Q A
X U X N I T O N M S G P G L
K M T F S C S N E N S P Q X
J N M H K J W U N M I N Z E
K N U E W E L E K B L O E M
```

KNUEWELEK
AROMATISK
BASILIKUM
BENEFIZIELL
KULINARY
ESTRAGON
FENCHELSAMEN
BLOEM
UM
GARDEN

LAVENDEL
MAJORAN
MINZE
PETERSILIE
QUALITÉIT
ROSMARIN
SAFIENTAL
GOUS
THIMEI
GRÉNG

11 - Véhicules

```
C A E Z R M T P I C A C W B
H M D T B O O T F K W M Z E
T T J P G R U T B K A M O V
R L H D O A N L O Z U C H Ë
F O E E F K I U O R T P I L
L E L E M É E W I T O I Z K
É L I L V I W B X R T T F E
I Z K Q E T E K Y A Z E P R
E R O S E R R O X K B T N U
R N P C L U O I C T U C E N
U L T R L C L B J O S Q U G
Z R E E G K L R I R A D E C
U V R D L T T B U N N V N X
K R A N K E N W A G E N Y M
```

KRANKENWAGEN	PNEUEN
FLÉIER	DEE
BUS	ROLLER
TRUCKT	BOOT
ROULOTTEN	NIEWEROLL
BEVËLKERUNG	TRAKTOR
RAKÉIT	ZUCH
HELIKOPTER	VEEL
BUNN	AUTO
MOTOR	

12 - Camping

```
U S W P I V U I K B O H I G
K P J R A U Q S É I J Ä B R
N A T U R Q P G L E L N V T
Z S A B K S J R B R X G D N
X S U R P K A N N G D E K A
J E C G T C C Y H L U M O V
Y J S E E L H C H G R A M E
H U E T P K T W A L D T P N
M Z E L T Z A C D U Y T A T
K O S M Q B S B É R L E S U
B Y U J K E T S I P X Z S R
K A I N S E K T E N M E R E
W H Y N T M F I R V N Y E P
N X H A G R N M C Y D Z W E
```

SPASS	SEEL
DÉIER	FIR
BEEM	WALD
AVENTURE	HÄNGEMATTE
KOMPASS	INSEKT
KABINN	SÉI
KANN	MOUNT
KAART	BIERG
HUET	NATUR
JACHT	ZELT

13 - Écologie

```
V I F R Ä I W Ë L L E G E R
L Q W D I V E R S I T É I T
P P R W I J N P K E K Y N C
Y L F R E S S O U R C E N O
H W A D Ü R R E C L I T A M
P G Y N I K L I M A K A T M
H E A A Z K F I T I S Q U U
F A U N A E I W E X X C R N
M D I D Z G N Q D W T G Q A
S A N I T I H G L F E T W U
U F R O A Z Q C M L O G D T
M R R I D N U D M O N W W É
P K Y S N N A T U R E L L I
F W A F H E Q A X A D J R T
```

FRÄIWËLLEGER	MARINE
KLIMA	NATUR
COMMUNAUTÉIT	NATURELL
DIVERSITÉIT	PLANZEN
FAUNA	RESSOURCEN
FLORA	DÜRRE
SUMPF	IWWERLIEWE

14 - Astronomie

```
H K E C J G E H G F M V V Y
A S O A D I C E I B A G N G
S U B S V M L B B M O U N T
T P S T M S I S M S M C X N
E E E R A O P A A E B E Z V
R R R O S L S T S R T E L N
O N V N T A E S T R C E O K
I O A O R R Q M R P J X O H
D V T M O T U G A L A X Y R
D A I F N F I V L A Ä E R D
F Z O T A Y N H I N E F W H
O E U R U A O J N E G W Q S
T O N I T G X X G T H P I L
N E B E L S N O R A K É I T
```

ASTEROID	METEOR
ASTRONAUT	NEBEL
ASTRONOM.	OBSERVATIOUN
HIMMEL	PLANET
KOSMOS	STRALING
ECLIPSE	SAT
EQUINOX	SOLAR
RAKÉIT	SUPERNOVA
GALAXY	ÄERD
MOUNT	

15 - Types de Cheveux

```
L M X O V D Q C W Ä I S S Q
Z A T W N E I W Y G J C Z I
V W N C U C R Y N R W H D F
I P G G A K A U M G D N S T
B X W N V B V F R A M Ë L L
L T R X R V K O R T G T S M
O U X L E G F Y B S Y T T D
N K K I N U F G R O C T X R
D U A R S K V X O T U H W H
Ë R Z H G E S O N D R O U D
N L Ë G L A T L G A L E X Q
N E S C H W A A R Z E H Z Y
G N O Y H K T Z B F G J T Z
N X U X X T F L E C H T E N
```

WÄISS	GRO
BLOND	GLAT
KURLEN	LANG
SCHNËTT	BRONG
KAHL	DËNN
KORT	SCHWAARZ
MËLL	GESOND
DECK	DRËCHT
CURLEG	FLECHTEN

16 - Restaurant #1

```
T P S C H A A Y X P W B N Q
D N E L U B L E B V M I H G
P V R M H Q R L S A E T W T
D Q V E N B E O E E N Z F M
T F I S S O U S U R Ü J B Z
Z C C S C E M A T T G P O O
A U E E H S R S B O F I Y F
U Y N R O O D V Q X V V E L
K B L L U T E U A K A F F E
J P X S L L S W U T P O Q E
K O C H N I S C H E I W D S
M T O W C T E I O H C O H C
X B P O U F R P L P K U U H
G W I V I H T E N K E K K N
```

ALLERGIE

SCHOUL

KAFFE

MESSER

KOCHNISCHE

DESSERT

PICKE

MENÜ

MAT

BROUT

HUHN

RESERVATIOUN

SOUS

SERVICE

FLEESCH

17 - Mammifères

```
K A Z E B R A L Z R R H F H
O C R P Ä E R D Y G M A U U
J U S J C G N D M C O V Q E
O E W A L R K Ä N G U R U T
T L B L G C S G F K T H F D
E E G O G C H C X U I D U E
W F E U O W E N H O N D C L
X A B W R O G I R A F F H P
U N Ä U I L H Q F V F G S H
X T R B L F B R N M W S R I
A K E U L L T I G E R U G N
R F N D A V B P D X B N C W
Q F B Y P S R I V X R X V E
M Q Y L N T O O I O C J J J
```

WAL	HUET
KAZ	LOUW
PÄERD	WOLF
HOND	SCHAF
KOJOTE	GEBÄREN
DELPHIN	FUCHS
ELEFANT	AF
GIRAFF	BULL
GORILLA	TIGER
KÄNGURU	ZEBRA

18 - Sports

```
B  L  B  E  W  E  G  U  N  G  A  D  A  F
A  U  J  U  P  B  S  I  B  V  B  H  N  I
S  B  A  S  K  E  T  P  L  E  J  A  S  T
E  Q  T  Z  W  B  E  L  I  E  V  G  T  N
B  Q  H  U  J  P  A  F  Y  L  T  A  A  E
A  F  L  I  V  Q  M  M  D  H  L  A  D  S
L  B  E  F  E  T  R  A  I  N  E  R  I  S
L  C  T  R  S  P  I  L  L  E  R  B  O  R
T  E  N  N  I  S  P  L  A  T  Z  I  N  A
C  X  K  E  G  W  M  R  Q  L  W  T  R  U
X  Q  X  M  A  Q  W  Q  R  R  Q  T  A  M
B  I  L  I  Z  Z  S  E  S  H  B  E  S  M
G  E  W  Ë  N  N  E  R  R  Q  R  R  Y  G
G  A  V  Y  D  E  I  S  H  O  C  K  E  Y
```

ARBITTER	ERIWWER.
ATHLET	EISHOCKEY
BASEBALL	SPILL
BASKET	SPILLER
TRAINER	BEWEGUNG
TEAM	STADION
GEWËNNER	TENNISPLATZ
FITNESSRAUM	VEEL

19 - Chocolat

```
Q U A L I T É I T T M W J H
A C C L B H I K A R A M E L
F A V O R I T P O G K V R E
J K K V C F C G B Z S I E S
Y N A A E X O T I S K I M C
H K T L K K P N O P U M Y H
S É I S O A X X D Z D N R T
A C Q O K R O Z T U K G E M
Z B D C O W I A R C E O S J
C O P L S K U E T K X U C U
E R D N U S S E N E T S H Q
A K M G K X V Q G R I Q T P
T J U C Q X L K J K T K E C
P V T V B Q A K C S W P I X
```

JEREMY
ERDNUSS
KAKAO
KALORIEN
KARAMEL
LESCHT
SÉIS
EXOTISK

FAVORIT
FONDUE
UM
KOKOS
QUALITÉIT
RESCHT
GOUS
ZUCKER

20 - Mathématiques

```
A W E N S D D B P N P C U E
R J Q J Y U E E O P W Y Q N
I B U E M E Z S L M Y X H Y
T J A X M R I I Y M J I T K
H P T P E C M J G W P J W E
M A I O T H A I O S Z K X I
E R O N R M L L N T D C N G
T A U E I I R E C H T E C K
I L N N E E Ë M F A N G Z U
S L O T P S D R I E E K E L
C E P L S S K G C C A Z F L
H L W Q G E O M E T R I E X
A Q M P E R I M E T E R L V
F R A K T I O U N Z B V I W
```

ARITHMETISCH	GEOMETRIE
ËMFANG	PARALLEL
DEZIMAL	PERIMETER
DUERCHMIESSER	POLYGON
EXPONENT	RECHTECK
EQUATIOUN	SYMMETRIE
FRAKTIOUN	DRIEEKEL

21 - Mythologie

```
K R I E G E R F I F X K R J
R R U M K H L X X M G R G K
A D R D O A M H I M M E L C
F Y R A S N T V E R H A L E
T K R W X D S A L G E T T G
O C S U J Q W T S W L U M W
A R C H E T Y P E T D R D H
S V H Z C A R J K R R E U R
E L A B Y R I N T U B O N O
E H F S P A W E C K L F P S
C E U D O N N E R I Ë T B H
H A N R A C H E Y Q T Z U J
E U G H I V Y R Q R T Q M R
B J A L O U S I E L M H G D
```

ARCHETYP	KRIEGER
KATASTROPH	HELD
HIMMEL	JALOUSIE
VERHALE	LABYRINT
SCHAFUNG	SEECHE
KREATUR	MONSTER
KULTUR	SPAWECK
BLËTT	DONNER
KRAFT	RACHE

22 - Restaurant #2

```
K F R U U C H T G I E S S Z
F A Z P H L E S C H T X I O
O P C G E M É I S A W Q C P
R X V H P M J N F S H S R P
S T T T E G B M Y U C O Z U
C A R Y A N L Ë S C H T E Q
H R L L G I E T G I N O N O
E W H Z G V A T P Ä X I H H
T S A L A T K E S I V M Y V
T W L O U T D F B S I N W P
Y D A B C P D I N E R O P N
J N R T W A A S S E R W C E
K L N L E B V C M I C N Y G
Z J I O Z R K H E J H L N V
```

HL	KACHEN
LËSCHT	ÄIS
MËTTE	GEMÉIS
LESCHT	FISCH
DINER	SALAT
WAASSER	SALZ
RZEN	WATER
FORSCHETT	ZOPP
FRUUCHT GIESS	

23 - Couleurs

```
W A G H O I B Q S W T L S P
S C H W A A R Z M Ä B G B V
G R É N G H O W G I E L R N
V M M F Z W N B N S I B T O
B R O U T Y G M E S G O Z B
X O N C F Y A L D J E Y U L
M S C H O Y F N M P N F J O
O A E S O Q B K W I A T K W
V J G I R C J U P Q H Q Z Q
J Q Y E A G P A L F V T D F
V R A O N R O W D B G R K M
W E B D G T O W N U O Q R K
E F D W E P A Y Y A Y K I X
E S O P U K G S B T D E R T
```

BEIGE	BRONG
WÄISS	SCHWAARZ
BLO	ORANGE
ZYAN	ROSA
FUCHSIE	ROUT
GRO	GRÉNG
GIEL	MOV
MAGENTA	

24 - Avions

```
H B M R T P A P P G U R L F
É Ö F D H R V I M X T I A B
I L C K I O E L B A U C N W
C K T H D P N O F N C H D V
H G J I T E T T K U X T U T
T P W M S L U J V J Z U N X
X B L M H L R L O I Z N G K
D F A E S E E L O F T G X K
N A M L B R E N N S T O F F
E C U I L P A S S A G I E R
M O T O R O H I S T O R I E
C R E W Q I N O F S T I G J
W A A S S E R S T O F F B X
Z Y I W C M A T M O S F Ä R
```

LOFT	RICHTUNG
HÖCHT	CREW
ATMOSFÄR	HÉICHT
LANDUNG	PROPELLER
AVENTURE	HISTORIE
BALLON	WAASSERSTOFF
BRENNSTOFF	MOTOR
HIMMEL	PASSAGIER
BAU	PILOT
OFSTIG	

25 - Aventure

```
N S C H W I E R I G K E I T
Z I L H H K D B R O G P S S
G B I V A U S F L U G I C C
C J V L P N R K C R W B H H
G A M Y E S C R O M I H O Ä
T S Z C C Y J E E P J N O F
V I R B E R E E D U N G N F
N E I S A F E Y Z J K D H E
N L Ë T Z E B U E R G G E F
S A K T I V I T É I T E I R
Q F T T K S J R R R L F D E
O Y G U G B A D D O Q F T E
G T E F R Ë N N K S C E A D
K F C L F I X E A E J R W Y
```

AKTIVITÉIT	SCHÄFFE
FRËNN	FREED
SCHOONHEID	NATUR
CHANCE	LËTZEBUERG
GEFFER	NEI
ZIL	VIRBEREEDUNG
SCHWIERIGKEIT	SAFE
AUSFLUG	

26 - Ville

```
T H E A T E R D K I N O F A
S X N D H O T E L G B V L P
G A L E R I E I I K D H U D
B M U S E U M Z N A Q B C I
O Ä A Y M A F O I P D L H K
O J C Z F T Q O K R R W H T
K E Z K Q M M X P E L G A M
S S U P E R M A R K T F F A
H B I X F R S C H O U L E A
O Y P B N D E B G A B O N R
P E D A Y I U I A B P R B T
B I B L I O T E K N D I R G
S T A D I O N I T K K S F W
S P Ä I C H E R E N C T W F
```

FLUCHHAFEN
BANK
BIBLIOTEK
BÄCKEREI
KINO
KLINIK
SCHOUL
FLORIST
GALERIE
HOTEL

BOOKSHOP
SPÄICHEREN
MAART
MUSEUM
APDIKT
STADION
SUPERMARKT
THEATER
ZOO

27 - Cuisine

```
L K M F R I G O E N H R F S
T R E L O T H F I Y M Z R C
R O S T B R Y W C P H E Y H
A U S U T C K Y A S M N F O
F P E B Q E S C H W A M Z U
A R R G P Z L G S K T S Y L
C L I D T J X R C U P E U Ë
I K G E R L B I H L F R C S
Y U R H Z G X L O T K V G C
N X V B B E P L R K U I A H
R E S C H T R L T O D C E E
S T Ä B C H E N C V Q E T N
B A C K O F E N B D X N G Z
M X L L Y L R S N H J G A J
```

STÄBCHEN   BACKOFEN
SCHOUL   FORK
KETTEL   GRILL
FRIEZER   MAT
MESSER   RESCHT
KROU   FRIGOEN
LËSCHEN   SERVICE
RZEN   SCHORT
SCHWAMZ   CUP

28 - Corps Humain

```
P F A N G E R V G Z O N G I
O J N H P T O U E R H A U T
G A K I Ä M J Y H X W R T T
J S E J R R O K I U L Y Y V
I X E E F A Z I E K F L I H
I K L W S B B Q R E Ë E W H
O S S B B Y T B K C P N J A
U O T Q R E K N I E S E N N
J H M O N D A O E T M U L D
Z A Y W F P P W F I B S B L
M L S J L H P I E L E B O U
U S C H O L L E R K A X C U
B P M R G E S I C H T L G S
H X J R E Q B Y M B L U T V
```

MOND	ZONG
GEHIER	HAND
ANKEEL	KIEFER
HALS	KËNN
IELEBOU	NEUS
HÄRZ	OUER
FANGER	HAUT
MO	BLUT
SCHOLLER	KAPP
KNIE	GESICHT

29 - Épices

```
K M S A F I E N T A L C P T
G N U S A U E R G E S E F U
O M U S C K O R I A N D E R
U M A E K U Z I M T T K F M
S E N P W A R Ë N N E R F E
V L I W D E T R S Y A O E I
U E S V E Y L N Y S B M R C
J E R E M Y A E U P Y L R H
V A N I L L E H K T A J G F
B F S F L J H M P O S S O L
C O L O A P A P R I K A T D
K A R D E M O M T C T L M E
K X P I N G W E R T E Z Z T
F E N C H E L S A M E N R Z
```

SAUER   FENCHELSAMEN
KNUEWELEK   INGWER
JEREMY   MUSKATNUTS
ANIS   ËNNER
ZIMT   PAPRIKA
KARDEMOM   PFEFFER
KORIANDER   SAFIENTAL
MMEL   GOUS
TURMEICH   SALZ
CURRYPASTE   VANILLE

30 - Science

```
K  L  I  M  A  N  P  F  A  K  T  L  P  V
I  L  D  U  A  A  O  X  B  R  Q  A  A  L
G  R  A  V  I  T  É  I  T  Z  X  B  R  R
U  H  P  Q  M  U  O  C  D  T  J  O  T  E
Q  E  X  P  E  R  I  M  E  N  T  R  I  V
N  W  M  Y  N  Y  Q  D  D  O  M  A  K  O
C  P  O  V  L  H  G  M  A  F  F  T  E  L
P  H  L  B  P  M  M  H  T  G  B  O  L  U
L  Y  E  E  X  P  P  I  E  S  S  I  I  T
A  S  K  M  X  D  K  L  N  L  N  R  V  I
N  I  U  M  E  T  H  O  D  E  X  E  Z  O
Z  K  L  Q  H  S  G  D  M  W  R  I  P  U
E  C  E  K  M  Z  C  P  N  U  T  A  D  N
N  L  N  V  T  K  D  H  R  C  W  S  L  E
```

ATOM	LABORATOIRE
CHEMESCH	METHODE
KLIMA	MINERAL
DATE	MOLEKULEN
EXPERIMENT	NATUR
EVOLUTIOUN	PARTIKEL
FAKT	PHYSIK
GRAVITÉIT	PLANZEN

31 - Vêtements

```
S P X J M S B E H U B T A B
C H U E T A C Y P F L S R F
H C B L U K N H O K U H M Q
L J W R L M K T O P S I B V
A S S C H O E N E R E R A C
F N C A Y D V J G L T T N E
A W H M L E M E K L E I D I
N T A B O X W A R D C J S N
Z B L F W B L N B E B Z E T
U W J F K E T T E C H K B U
G P A O S A N D A L E S F R
R O C K H A N D S C H U H E
T P K X Q H H Z P Y O C L R
G H E O B U I X P E X Z P D
```

ARMBAND
CEINTURE
HUET
SCHOEN
T-SHIRT
BLUSE
KETTE
SCHAL
HANDSCHUH
JEAN

ROCK
MANTEL
MODE
BOX
PULLOVERE
SCHLAFANZUG
KLEID
SANDALE
SCHORT
JACKE

32 - Arts Visuels

```
P P L A C K B E Q E C N K P
T S W B E R N A R D O I Ë O
G K B L Ä I S T Ë F T E N R
S N D Y Z D H U M H A W S T
R S P B W D J X G E V E C R
S T A F F E L E I A G F H A
D P E R S P E K T I V L T I
D I V C X H H H L B W Ë L T
F D T W D W Y L E J B S E H
I F S C H A B L O N E S R F
L Z O A R C H I T E K T U R
M C T T U H Z P K V C K A J
Q X N S O S K U L P T U R K
K R E A T I V I T É I T D A
```

ARCHITEKTUR   KREATIVITÉIT
NIEWEFLËSS   FILM
KËNSCHTLER   PERSPEKTIV
BERNARDO   FOTO
STAFFELEI   SCHABLONE
WACHS   PORTRAIT
KRIDD   SKULPTUR
BLÄISTËFT   PLACK

33 - Méditation

```
N O W L H F R I D D E T N W
G E I S T I G Q I R N H D A
G E E S C H T K E M N L D K
E K L A R I T É I T S Y L K
M M P E R S P E K T I V É E
U N O B E W E G U N G O I R
S A M T S T I L L E C M E T
I T T G I V B E W W A I R J
K U E G G O B C R Q L L Y H
W R M C Ë D N Z P R O U E G
U M O J A T T E X E E H S T
S V X N Z E T U N H U E L E
D A N K B A R K E I T C U P
M I T G E F Ü H L V N W N Q
```

UNHUELE	DANKBARKEIT
ROUEG	GEISTIG
KLARITÉIT	BEWEGUNG
MITGEFÜHL	MUSIK
LÉIER	NATUR
GEESCHT	FRIDDE
EMOTIONEN	PERSPEKTIV
WAKKERT	OMTEM
GËTT	STILLE

34 - Littérature

```
J  M  B  D  Z  R  R  B  J  H  K  Z  A  D
S  A  C  U  Z  A  E  O  T  E  Z  C  U  K
A  N  E  K  D  O  T  I  V  S  U  B  T  S
T  R  A  G  E  D  I  E  M  F  V  E  E  T
G  B  I  O  G  R  A  P  H  I  E  S  U  I
P  O  E  T  I  S  K  R  M  K  R  C  R  L
D  N  A  J  H  I  P  K  E  T  H  H  G  D
F  A  Z  I  T  E  U  Q  T  I  Y  R  E  I
R  O  M  A  N  L  M  L  A  O  T  E  D  A
Q  K  X  I  B  A  G  A  P  N  H  I  I  L
E  R  Z  I  E  L  E  R  H  M  M  W  C  O
A  N  A  L  Y  S  C  F  E  T  U  U  H  G
V  E  R  G  L  E  C  H  R  W  S  N  N  T
A  N  A  L  O  G  I  E  C  A  U  G  Z  T
```

ANALOGIE
ANALYS
ANEKDOT
AUTEUR
BIOGRAPHIE
VERGLECH
FAZIT
BESCHREIWUNG
DIALOG
FIKTION

METAPHER
ERZIELER
GEDICH
POETISK
REIM
ROMAN
RHYTHMUS
STIL
THEMA
TRAGEDIE

35 - Nourriture #1

```
L E C G Z X D M B I R N E W
U B R E B J I Ë G O G R K O
A A F R Q S A L A T Z O P P
Z S Y Ä B X F L E E S C H R
S I K R K K Ä E R D B I E R
P L T A D A I C Z U C K E R
I I U R F Q R H Z X W N A X
N K N B O F D R W W V U M P
A U N D N N E P O H M E M T
T M Ë O I F E W W T Z W L Z
H S N S A L Z I M T B E F Q
E U N J U S S K K K I L E B
J B E G H F L G D D C E N X
R T R O P P E L N U F K I A
```

KNUEWELEK	TROPPEL
BASILIKUM	ËNNER
KAFFE	GERÄR
ZIMT	BIRNE
KARROT	SALAT
ZITRONE	SALZ
SPINAT	ZOPP
ÄERDBIER	ZUCKER
JUSS	TUNN
MËLLECH	FLEESCH

36 - Jours et Mois

```
M R Y C E M O B L R G L D A
K É Q T N O V E M B E R O U
A S I T J U L I O N F K N G
Z J U N I N M Ä E R Z D N U
B M P W D T N S G M C Ë E S
O K T O B E R E A A W N S T
A F F C K R G P W H P S C E
S B E H T Y Q T H S M C H U
O H R B P A Q E B F W H D Z
N Z W Ë R S A M S C H D E G
N D W Y L U C B L D C E G E
D N O N B L A E R N O G O P
E C J A N U A R X K B Z Q S
J T M M M Ë T T W O C H I P
```

AUGUST	DËNSCHDEG
ABRËLL	MÄERZ
SONNDE	MËTTWOCH
FEBRUAR	MOUNT
JANUAR	NOVEMBER
DONNESCHDEG	OKTOBER
JULI	SAMSCHDEG
JUNI	WOCH
MÉINDEG	SEPTEMBER

37 - Championnat

```
M L B S T R A T E G I E K C
O V M O T I V A T I O U N H
F V P H M E D A I L L Y J A
U I I C C U A X P N E Z F M
E C K J E J L H P T E P M P
E T O Q G P W Z Q C S Q P I
R O N J Q J T U C E C K H O
I I G A Q I O R H W H I J N
C R S N G V U E A L T P U N
H E S H H L R G M I U M S A
T Z J V O G N N P G N M P T
E F T E A M O E I A G E O C
R F A E A R I R O K C Z R B
S C H W E I S S N M R D T P
```

CHAMPION	MEDAIL
CHAMPIONNAT	MOTIVATIOUN
TRAINER	LEESCHTUNG
TEAM	SPORT
REGNER	STRATEGIE
MVP	TOURNOI
RICHTER	SCHWEISS
LIGA	VICTOIRE

38 - Pirates

```
S U F L R I N M A P S A K V
S C H Ä T Z A V E N T U R E
J R H D Y P R U M V R D Z J
H E I W F T B D J K A A R T
S W E N E H E M V D N U N R
E A L B S R N L Ë F D V I J
E I N K A P T A I N G O L D
C N G K N Z S X G N T H B G
H S E O E A D N W X X E N I
E E F O R R O T J C R T N S
S L O J E Z Z P A P A G E I
P P R C V I E A B Q P O S F
K X Q O I Q A R D F T K P Y
K L Z Y N S N Q D I D T H X
```

ANKER   INSEL
AVENTURE   SEECHE
KAPTAIN   OZEAN
KAART   GOLD
NARBEN   PAPAGEI
GEFOR   MËNTEN
ANERE   STRAND
SCHWERT   RUM
CREW   SCHÄTZ
HIEL

39 - Activités

```
W  S  C  H  E  M  A  P  J  H  F  U  F  A
J  E  P  S  I  C  M  C  H  A  R  M  Ä  K
H  O  I  N  D  W  X  V  R  N  É  D  E  T
U  F  L  E  I  S  D  P  P  D  I  M  G  I
U  M  R  M  R  H  K  H  G  W  S  J  K  V
L  A  A  R  E  E  O  M  X  I  C  V  E  I
W  H  A  K  K  S  N  Ä  H  E  H  N  E  T
R  B  B  X  J  S  S  S  C  R  T  V  T  É
G  A  R  D  E  N  C  Q  L  K  A  Z  J  I
V  E  D  J  A  C  H  T  U  E  U  O  R  T
O  O  I  L  F  O  T  O  G  R  A  F  I  E
L  I  E  S  E  N  M  A  G  I  S  C  H  A
C  A  M  P  I  N  G  S  P  L  A  Z  S  Y
R  E  L  A  X  A  T  I  O  U  N  M  D  M
```

AKTIVITÉIT
KONSCHT
HANDWIERKER
CAMPINGSPLAZ
JACHT
FÄEGKEET
NÄH
GARDEN
MVP

LIESEN
FRÉISCHT
MAGISCH
SCHEMA
FOTOGRAFIE
FLEIS
WEIEREN
RELAXATIOUN

40 - Fleurs

```
S A K H P Y S Y H J Z M B O
M O Z W M E G R I S A B L R
A J N P O D B P B I D X U C
G X P N L A K G I Z D P M H
N K F G E E J A S M I N E I
O L I A V B T J K T K R N D
L E N R I H L Q U U I O S E
I E G D O A A E S L M L T E
E R S E L U V X M I K I R S
H D T N E K E C L P J L A A
O F R I T I N B A M S I U P
F U O E T T D M O H N E S A
N N S U E W E N Z A H N S I
W O E E T M L D A I S Y U K
```

BLUMENSTRAUSS   DAISY
GARDENIE   ORCHIDEE
HIBISKUS   MOHN
JASMIN   WENZAHN
LAVENDEL   PFINGSTROSE
VIOLETTE   SONNEBLEM
LILIE   KLEE
MAGNOLIE   TULIP

41 - Nourriture #2

```
H X D S C H O C K E L A H M
N M J H B F Y I I E E Z U A
D R A U F R R Z W G W G H N
P I I S C H O F I P V S N G
F T O R H G Q U S L L U H O
J B W E E S S A T A P E L T
A M A N D E L O U N T W D X
K Q Z N F Q H K Q T K C E D
I A H W A I I C Q Z W Y F O
R X Q K Y N S E L L E R I E
S C H I N K E N A L O E S H
C B R O K K O L I H T I C R
H R O T O M A T H K R S H A
E N Q N M G Q J L L B W D T
```

MANDEL   MANGO
EEGPLANT   EEG
BANAN   BROUT
WEESS   PIISCH
BROKKOLI   FISCH
KIRSCHE   APEL
SELLERIE   HUHN
SCHOCKELA   DRAUF
SCHINKEN   REIS
KIWI   TOMAT

42 - Océan

```
X S U S K L C R J F N D O K
Q E Q J R R W K Z X V D J O
O N X G A G A R N E L E Y R
D X A F B I L K F G A L D A
X B Q U B M C N E J E P T L
D E C K E L S M O U K H A L
S R W R J Q U A L L E I H E
L T I R D W E L L E N N A N
R C U F I S C H T U N N I U
K T A R F A A S C H W A M Z
B O O T M L A A U S T E R A
Z R J W A Z L L V U S Y U I
O T D R Q G T G O F G P K T
H V Z C I V H E F B Y G J Z
```

ALGE   QUALLE
AAL   FISCH
WAL   KRAKE
BOOT   HAI
KORALLEN   RIFF
KRABBE   SALZ
GARNELE   STURM
DELPHIN   TUNN
SCHWAMZ   DECKELSMOUK
AUSTER   WELLEN

43 - Ballet

```
C U X G J M A T E K N I K K
W H I Z O O K R Ä I S C H E
N D O N Z E R N T Q M A K K
F H D R A Q N H G I U J Y Z
P Ä A P E E A O V W S N B A
U M E G C O N B Q V I T R G
B U X G A N G E F F K X I O
L S D E K O P R Z W O F W K
I K U Q F E A V A Q W T K J
C E S P T Q E I A P Q U Y I
Z L E F V A R T I R H D R W
L E I N T E N S I T É I T R
M N I O R C H E S T E R E C
G E S T E S T I L O G W A W
```

ARTISTIK

CHOREOGRAPHIE

FÄEGKEET

NZERN

KRÄISCHE

GESTE

INTENSITÉIT

MUSKELEN

MUSIK

ORCHESTER

PUBLIC

STIL

TEKNIKK

44 - Fruit

```
H B D C C H M F P I I S C H
D A N A N S U G U A V E C C
R N M E L O U N N H P D H D
A A A B I R N E U B E A Z W
U N N K I R S C H E N G Y Y
F X G O Q E P N Q R E K X A
K Q O B Q R U U R K I C N
X Z N B R A U M M Y T W S A
Z W N Z A A G F I U A I Q V
L Q C U C B N P M B R O M O
Z I T R O N E G N N I J L C
A P R I K O S E E P N O S A
V R W Z W L P P Y X Q Z N D
X A A S M I Q M S A P E L O
```

APRIKOSE	KIWI
ANANS	MANGO
AVOCADO	MELOUN
BERRY	NEKTARIN
BANAN	ORANGE
KIRSCHE	PAPAYA
ZITRONE	PIISCH
UM	BIRNE
HAMBIER	APEL
GUAVE	DRAUF

45 - Surf

```
D D V Q C J A S H G A K J H
V R C E V K T A C U P N K O
S T R A N D H Q Q H H J N X
C P B X B G L B F F U M Z O
H J A Y O Z E A N S S M Z B
A S S S O A T X K L V Z M B
M T I N S H S Q T M I B U A
P I C V U W X W Z R I F F P
I L F B V I T E S S E R Ä O
O C I G Y W N K R O W M N P
N M S J G K R A F T Q O G U
C H I G M M W O B C C H E L
M H T R P R H M F O S B R Ä
K B W N M O X L E J H T N R
```

SPASS   SCHUMM
ATHLET   OZEAN
CHAMPION   STRAND
UFÄNGER   POPULÄR
MO   RIFF
EXTREM   STIL
KRAFT   VITESSE

46 - Technologie

```
K A M E R A S D D P W Z Q J
D O P U R C F S H I É F D G
D M D K D W O N Y R C B T W
Q K F A Z Y P M P J R S J G
D I G I T A L T P F A É Y H
P G K D M E D L J U N C V D
V R B L O G Q H N R T H S X
E C U R S O R I N O X E P V
Z P X H O M E P A G E R R I
K B Q R E W T A G Q U H Y R
D S T A T I S T I K Z E C U
M B T P D A T E I G P E J S
I N T E R N E T R B Y T E G
V S O F T W A R E M E I Y M
```

BLOG	BROWSER
KAMERA	DIGITAL
CURSOR	BYTE
DATE	COMPUTER
ÉCRAN	SÉCHERHEET
DATEI	STATISTIK
INTERNET	MEI
SOFTWARE	VIRUS
HOMEPAGE.	

47 - Météo

```
F N Ä R F N T P B P Q L C N
B W I D Ü R R E Q R B Q Y L
K D S W W O L K E N I F E Q
U K M G W U P O L A R S T I
S G K D W E S I H M N M E J
K L I M A G L T P T V D M B
Z O H R N W V R U O H R P K
I Z U E D D Q O W R I Ë E S
B H R E S M R P B N M C R D
M U R B B V R I K A M H A O
V J I O O T F S H D E T T N
F C C U I U J K P O L J U N
P W A T M O S F Ä R A T R E
U E N M O N S U N L J D F R
```

REEBOU	HURRICAN
ATMOSFÄR	POLAR
BRISE	DRËCHT
NIWWEL	DÜRRE
ROUEG	TEMPERATUR
HIMMEL	STURM
KLIMA	DONNER
ÄIS	TORNADO
MONSUN	TROPISK
WOLKEN	WAND

48 - Châteaux

```
F G P A T C Z P A M D S T B
Y L A Ä R L H P L O Y R L O
J Z L E E Z M F L N N L U A
D R A A K R N H B O A M P K
S X S G V X D Y E C S K R A
T C S P T U R M W E T R I T
N K H R Ä I C H A R I O N A
S H M Ë W O H M F O E U S P
R C G N L H G A F S U N E U
I G H Z D D H U N J L R S L
T Y C W B O F E U D A L S T
T G F D E P K R N E D W E T
E K G H D R N I G R E I C H
R V C G C Z T X J U L U V T
```

ALLBEWAFFNUNG
SCHËLD
KATAPULT
PÄERD
RITTER
KROUN
DRAAK
DYNASTIE
RÄICH
SCHWERT

FEUDAL
MONOCEROS
MAUER
ADEL
PALASS
PRËNZ
PRINSESSE
NIGREICH
TURM

49 - Randonnée

```
W W S S K L I M A B Z O V V
A P O C T A X D É I E R I B
A C N P H I A J L E M I R E
S A N O C W W R A R C E B U
S M I D D L É W T G G N E P
E P K L I P P I E J O T R O
R I S T E I N M E L U A E C
G N A T U R G M S R E T E O
K G K N E I R K V V D I D F
Y S P Ë T Z T M Y O O O U H
T P C C A C Q G O B C U N P
K L Z E A P D C L L J N G U
P A R K E N W Ë L L T W X P
V Z D Q U E N T L F P A C O
```

DÉIER	BIERG
STIWWELE	NATUR
CAMPINGSPLAZ	ORIENTATIOUN
KAART	PARKEN
KLIMA	STEIN
WAASSER	VIRBEREEDUNG
KLIPP	WËLLT
MIDD	SONN
SCHWÉIER	SPËTZT

50 - Art

```
K I N S P I R É I E R T O Q
P E F G J N M P K U V Q T S
L N R S K J X O X A L I N K
K F E A D I D Ë L R P X B U
U N P J M T I S S Y M B O L
E C K P D I V I S U E L L P
T G B K J A S E F C F G X T
K O M P L E X C Q J H V G U
A U S D R O C K H J T S R R
É I S C H T O R I G I N A L
L H W P E H Z K F Q F W V Z
C T A S T E M N I N G L E W
V J K Y S M X T T R A N U H
T B L S O A D J Y O X L R Q
```

KERAMISCH   POËSIE
KOMPLEX   SKULPTUR
AUSDROCK   THEMA
ÉISCHT   GRAVEUR.
STEMNING   SYMBOL
INSPIRÉIERT   VISUELL
ORIGINAL

51 - Nutrition

```
G T A A G S Q C V K C K D G
Q O E U F I E J E O Q W Z E
L X C S O U S U R L U R P S
T I G G K X S O D H A R R O
P N P E Q U B Z A Y L O O N
O Z R W G U A W U D I É T D
K X G O G Ä R B U R T V E H
T A O G U E R Z N A É I I E
G P L E V C W U G T I T N E
O P R O M L U I N E T A M T
U E P Y R I V Q C G Q M R D
S T L B Z I B T O H Z I J Y
D I I J E R E M Y X T N X H
X T Q Z N P E N G E S O N D
```

JEREMY	GEWICHT
APPETIT	PROTEIN
KALORIEN	QUALITÉIT
ESSBAR	GESOND
DIÉT	GESONDHEET
VERDAUUNG	SOUS
RZEN	GOUS
AUSGEWOGE	TOXIN
GÄRUNG	VITAMIN
KOLHYDRATE	

52 - Science Fiction

```
R E F W I M A G I N Ä R C L
O X F A N T A S T I S K H F
B T U P L A N E T F I R E K
O R T U T O P I E E R K R E
T E U E X P L O S I O U N W
E M R T E C H N O L O G I E
R C I U N O S A T O M I C L
D Y S T O P I E J R C E C T
T A T Y J G Z Y X A R T V G
R W I S E W N R D K I N O A
A T S H O L I S T E Y W T L
T Y C Y F K T U A L N Q X A
G E H E I M N I S V O L L X
I L L U S I O U N C Y L U Y
```

ATOMIC
KINO
DYSTOPIE
EXPLOSIOUN
EXTREM
FANTASTISK
FIR
FUTURISTISCH
GALAXY
ILLUSIOUN

IMAGINÄR
CHERN
WELT
GEHEIMNISVOLL
ORAKEL
PLANET
ROBOTER
TECHNOLOGIE
UTOPIE

53 - Vertus #1

```
O V T B M Q Y C C W T A V N
B N A I O N O F H Ä N G E G
R I O K M Z V A A P H Z R A
J X Z V O Z X R R P Ë E L S
A X A N J G G T M R L F Ë M
V I L L E N M I A A L F F P
R K A N A S B S N K E E T A
E N C I S I V T T T F K I T
L R A Q H A N I Q I F T G I
X S C P T J U K Z S U I U E
N E E Z N C I B M K L V T N
W E I S L Ë N N E R T L T T
W A C H C L J J K R Ä F T S
P A S S I O N A T I O U N H
```

ARTISTIK
GUTT
CHARMANT
KRÄFT
ENCISIV
EFFEKTIV
VERLËFTIG
VILLEN

ONOFHÄNGEG
ËNNERT
PASSIONATIOUN
PATIENT
PRAKTISK
SAUBER
WEIS
HËLLEFFUL

54 - Professions #1

```
P A T K E D I T O R Y M D A
L O R Ë A V O Z D C A U Ä V
U B A N M R G K I D G S N O
M A I S B P T D T N K I Z C
M A N C A S Q O X E X K E A
E S E H S Y G E G T R E R T
R T R T S C X X M R R R O G
J R B L A H J P P E A W Q E
B O L E D O E K I E T P H O
F N J R E L E H G A G K H L
N O Q C U O Ë V O N N P Z O
U M E X R G R Y N M T I S G
J E W E L L E R N Q K H S Y
B A N Q U I E R G I C P E T
```

AMBASSADEUR	TRAINER
KËNSCHTLER	EDITOR
ASTRONOM.	GEOLOG
AVOCAT	DOKTER
BANQUIER	MUSIKER
JEWELLER	PIANIST
KARTOGRAPH	PLUMMER
JEEËR	PSYCHOLOG
DÄNZER	

55 - Géologie

```
Q U Y K K R I S T A L L E N
L Q S Z O N K W P X A E K S
O U M O B R V E F L V R O C
S A I E R K A H S L A O N H
Z R X K D F P L A N G S T M
C Z L Q U L S S L G Z I I Ë
K V U L K A N T Z E N O N L
R A F H J W R A M I N U E Z
F Y L J E G E L Y S K N N E
S O P C U E K A K E T V T N
H I E L I O N K J R V E D W
L G S O L U N T L Y K O I Z
G J R T E M M I N E R A L N
P L A T E A U T C P G R T I
```

SAIER
KALCIUM
HIEL
KONTINENT
KORALLEN
PLANG
KRISTALLEN
EROSIOUN
SCHMËLZEN
GEISER

LAVA
MINERAL
STEIN
PLATEAU
QUARZ
SALZ
STALAKTIT
VULKAN
ZON

56 - Cirque

```
Y J T B X P I V Y O E R S A
D O I B Q K E P Y R I K P J
P N G L L Y L A W P Q H E C
M D E C B Y E M A G I S C H
N W R E Q Y F F K L D X T I
P H W M M B A L L O N M A C
B Q D Z J U N J M U S B T T
P C R L O S T R P W O T E I
A D N D N M U S I K U D U T
R F É O G R J D N D S Q R M
A K F I L G A N D R L T H S
D H U Z E L T J V C S H A X
E R Y H U R G H X C T O M G
D E A C R O B A T T V X T S
```

ACROBAT   MAGISCH
DÉIER   MUSIK
BALLON   PARADE
KOSTUM   AF
ELEFANT   SPECTATEUR
JONGLEUR   ZELT
LOUW   TIGER

57 - Jardin

```
T R A M P O L I N R G B M Z
B E N G K X C S C H O U L C
A I R W E I D E R H W S L A
M Q V R P Q S C H A U C H C
V S E A A F B C M G J H B F
E F N F X S E M R A G Ä I S
O K X Q I U S N I R S N Y Q
E L W T D V H R Z D L G K M
G Y L W S M Y G D E O E S X
I R B L O E M R S N T M T R
E U A K X O Y A M K E A T M
T D D A B T I S L T I T S P
F D C R A K E O V R C T J P
T J E G A R A G E D H E T W
```

BAM
BENG
BUSCH
FENZ
TEICH
BLOEM
GARAGE
HÄNGEMATTE

GRAS
GARDEN
WEIDER
SCHOUL
RAKE
TERRASS
TRAMPOLIN
SCHAUCH

58 - Barbecues

```
O K M W F M V Z O J V M I E
F G I I B Ë W T O M A T E F
H B D B V T M A G E M É I S
G R I L L T V F A M I L L O
G K N Y G E P I C R S K Ë U
Q A E C H G T T R G M S N S
Z N R M X H H U N G E R N D
C N S E B Q X A O S M S E P
P E E S A L A T E B A U R B
M R U S P F E F F E R L F H
S U A E S U M M E R M S Z U
W C S R K E L D X F F L Y H
A P W I F Z Q E I L V D J N
Y T V M K D E W T X N C R C
```

WAARM	GEMÉIS
MESSER	MUSIK
MËTTEG	ËNNER
DINER	PFEFFER
KANNER	HUHN
SUMMER	SALATE
HUNGER	SOUS
FAMILL	SALZ
GRILL	TOMATE
MVP	

59 - Anniversaire

```
F X O M K Y O L S P A S S S
F R A J L A J O N G X D F Z
R I Ë G L É C K L E C H T T
Ë N F N O N R H Z U R V G T
S V P F N P J O E R Q E O Z
C I F E I E R N I N L I D D
H T W Z T K A R T E N D A C
T É E K R A Ä F M K Y T G T
L I I A P L O E T Y H G K K
P E S D B E U E R J T K V D
N R C P M N G Z U Z W C H N
O T H H T D G E S C H E N K
M D T S P E Z I E L L P L E
U H C T M R L X A N V K A V
```

FRËNN

SPASS

JOER

KÄERZ

GESCHENK

KALENDER

KARTEN

LIDD

FEIER

KACHEN

GLÉCKLECH

INVITÉIERT

JONG

DAG

FRËSCHT

WEISCHT

SPEZIELL

ZEIT

60 - Animaux de Compagnie

```
H  T  I  E  R  A  R  Z  T  I  C  V  J  J
Z  U  I  I  K  R  A  C  H  T  W  C  C  U
Z  I  E  S  D  N  V  W  E  H  X  X  Y  D
R  M  C  T  H  A  M  S  T  E  R  T  C  V
K  A  Z  D  E  C  K  E  L  S  M  O  U  K
D  I  Z  F  C  T  Ä  L  W  M  A  T  S  O
Y  V  P  F  V  D  T  K  A  K  U  Q  G  U
N  A  A  P  J  V  Z  D  X  C  S  Q  J  P
S  L  P  C  T  I  C  C  Y  A  E  Z  A  H
G  P  A  F  A  G  H  O  N  D  C  R  R  D
F  E  G  J  O  L  E  V  O  U  W  V  T  Y
Y  S  E  A  R  O  N  I  F  Z  X  U  H  A
M  F  I  S  C  H  S  C  H  W  Ä  I  F  F
X  W  A  A  S  S  E  R  I  V  A  Z  M  G
```

KAZ	LACERTA
KÄTZCHEN	MAT
GEESS	PAPAGEI
HOND	FISCH
VALPE	SCHWÄIF
KRACHT	MAUS
WAASSER	DECKELSMOUK
HAMSTER	KOU
HUET	TIERARZT

61 - Forêt Tropicale

```
R E S T A U R A T I O U N D
R J B W A M P H I B I E Z I
I Z Q Ë O I O W X H L N Ä V
U T Z S Y L A Q N Q S O R E
P Z A C I N K X J K P I E R
Z V C H T R R E S P E K T S
J U S T Q M A I N A T U R I
R E F E R E N Z E N I Q M T
S L P L I N S E K T E N O É
K D H W U G E M E N G E O I
Y L Y D T C L I Y D W Z S T
U X I Y Y O H N N T O E O E
K F N M X M X T U V G E D N
O I D K A U G E T I E R E N
```

AMPHIBIE
ZÄRE
KLIMA
GEMENG
DIVERSITÉIT
INSEKTEN
UGETIEREN
MOOS

NATUR
WOLKEN
VUEL
WËSCHT
REFERENZEN
ZUFLUCHT
RESPEKT
RESTAURATIOUN

62 - Insectes

```
G L G X L I B E L L E B P J
J A Y L R O S I V A U L Ä Z
M R X Z I K A D E B U A I J
C V D Y M T Q I R N V T P K
H E U S C H R E C K E T E A
W U R M W A Z M G M H L R K
Y E E M K E D X M Q S A L E
X J S A K Ä F E R Ü T U E R
H F B P D M L M Y W C S K L
L I F J E A A R S P U K O A
Y Y W D B N U N N D O V E K
H X Y X P T E R M I T E P E
I Z H D É I S C H L E C H T
Y A M E I S E T X Q L R I O
```

BIENE	MÜCKE
KAKERLAKE	PÄIPERLEK
ZIKADE	FLAU
DÉISCHLECHT	BLATTLAUS
AMEISE	HEUSCHRECKE
WESPE	KÄFER
LARVE	TERMITE
LIBELLE	WURM
MANTIS	

63 - Ferme #1

```
L A N D B R U I K F E N Z R
F Q K U H T H D R G G B P E
E W A A S S E R L H E I B I
L C J U H C R S L U A E I S
D B U Q K K D B B H L N S J
A Z I J F R E L L N F E O S
M V E I Y C Ä H L Z X Q N F
E Y G P N C I H D T H O N D
W O C Ä E Q D E G Ü O K A Z
D T C E S R W F P I N N A U
N T J R E P E H T Y I G J V
T T X D L Z D G F Y G A E V
B H R K A L F H E M B I M R
Z S H G L B K G S M H B J X
```

BIENE	KRÄH
LANDBRUIK	WAASSER
ESEL	DÜNGER
BISON	HEI
FELD	HONIG
KAZ	HUHN
PÄERD	REIS
GEESS	HERDE
HOND	KUH
FENZ	KALF

64 - Escalade

```
A C S P O L Q A B N E B R K
O M Z W A I Y B L E X N X A
W E I E R E N V E U P Z G A
H L S H E L M G S G E O A R
A T M O S F Ä R C I R G B T
N H I E L T U E H E T Q K D
D Ö V Q U J I X T R V F R T
S C O L B F B W S H H G A J
C H O A T W P R W O A Z F O
H T T I S H V K E E X T N
U N F I J G A R D L L S L F
H A U S B I L D U N G E E V
S T A B I L I T É I T J Y E
Z J P Y O J Q Q J P Z V F N
```

HÖCHT
ATMOSFÄR
BLESCHT
STIWWELE
KAART
HELM
NEUGIER
EXPERT

ENG
KRAFT
AUSBILDUNG
HANDSCHUH
HIEL
WEIEREN
STABILITÉIT

65 - École #2

```
R C P S G R A M M A T I K M
S H A C E K K G K L B O A A
P K P H D L A V H I D T L T
V O I E N É D W N E B G E H
H H E R B I E X F S I P N E
B A R E I E M V P E B P D M
I L U C D R I F O N L A E A
L E Ä S Y I S W Z C I D R T
D T F I A N C S C H O E N I
U U J B S U H N G E T Z V K
N W O K I T F M V R E P U C
G X X W J N Ë G T N K Y H R
D N U V K J S F A J V C Y Z
C O M P U T E R T B U S W J
```

AKADEMISCH	LÉIERIN
BIBLIOTEK	BILDUNG
BUS	GRAMMATIK
KALENDER	MVP
SCHOEN	LIESEN
SCHERE	CHERN
BLÄISTËFT	MATHEMATIK
HAUSAUFGAB	COMPUTER
WO	PAPIER

66 - Antarctique

```
L T R V L A R W V R Ë M S W
Ä I S E N Z N A U O M A B Ë
I M H A F A Y L E C W O P S
D I Q V N E O E L K E G X S
E F I E G V R N G Y L L W E
E H U J U U U E V A T V A N
X A H K O N T I N E N T A S
J L M I N E R A L Z M G S C
G L E T S C H E R B E R S H
M I G R A T I O U N A N E A
M N F U E R S C H E R Y R F
X N E X P E D I T I O U N T
T E M P E R A T U R Y X Y V
P L W F B H I N S E L O F C
```

BAY	GLETSCHER
WALEN	INSEL
FUERSCHER	MIGRATIOUN
REFERENZEN	MINERAL
KONTINENT	VUEL
WAASSER	HALLINNEL
ËMWELT	ROCKY
EXPEDITIOUN	WËSSENSCHAFT
ÄIS	TEMPERATUR

67 - Professions #2

```
Z A H N A R Z T J J K R A Q
Z F U E R S C H E R R B S N
B U C H I R U R G D J W T A
M I U I N G E N I E U R R P
O A O S Z U F D J T D G O H
A E L L E D M O U E B Ä N I
V H F E O L H K N K U R A L
R P L D R G D T U T I T U O
E F D U L É I E R I N N T S
E R F I N D E R N V Y E D O
F O T O G R A F A G K R K P
B I B L I O T H É I K G G H
J O U R N A L I S T M I T Y
Z O O L O G U P I L O T A G
```

ASTRONAUT	GÄRTNER
BIBLIOTHÉIK	JOURNALIST
BIOLOG	ZU USELDENG
FUERSCHER	DOKTER
CHIRURG	MALER
ZAHNARZT	PHILOSOPH.
DETEKTIV	FOTOGRAF
LÉIERIN	PILOT
INGENIEUR	ZOOLOG
ERFINDER	

68 - Les Abeilles

```
B E S T Ä U B E R W A C H S L
L H O N I G O L F A U C H V
É S C H W A R M U S O N N S
I B P H I P Ö T Y M N M I I
G I L K N C K Z W J M P J N
N E A H G H O T W I C E W S
G N N Q S F S J I T O F N E
D E Z X B D Y P O E K R C K
I N E D F N S G O D T E J T
J K N D C T T J A L E P G H
F O Q R E A E P M R L L U U
X R D Y O E M A U E D E E Z
G B J U M A A S Q U E E N Z
F R U U C H T G I E S S N H
```

WINGS	GARDEN
WACHS	HONIG
SCHWARM	MAT
ÖKOSYSTEM	PLANZEN
BLÉI	POLLEN
BLUMMEN	BESTÄUBER
FRUUCHT GIESS	QUEEN
FAUCH	BIENENKORB
INSEKT	SONN

69 - Dinosaures

```
T E U F E L S K R E I S X A
P G R O U S S D E W G N C L
R E P T I L H Y V N N C G L
E V O L U T I O U N O G T E
H E S Q A Y Z X D M T R F S
I R C F U N P J Q H T É M F
S S H H R R Z D X X E I A R
T C W A Y I G E A E Z S M E
O H Ä F J U T Y N E L S M S
R W I N G S K Q P G M T O S
I A F H Ä T F G W G H Z T E
S N G D F E R R M L Y R J R
K N P C R P R Q V L D A T D
E E R M M R C D L M R L A S
```

WINGS	ALLESFRESSER
VERSCHWANNE	PREHISTORISK
ENORM	SCHWÄIF
EVOLUTIOUN	REPTIL
GROUSS	GRÉISST
PLANZEN	ÄERD
MAMMOT	TEUFELSKREIS

70 - Automne

```
L D U W M V Q Q V Y N M M O
J U O J P L P V M R O J O Ä
K E S R M Q B J P B J J U P
A C O R N I O N A T U R N P
S H F A A X G V C O X T T E
T T B E H V Y R K L I M A L
A E R E S D W L A N R N J O
N R E Q A T F S W T D I P J
I E N U I V I K M U I K H R
E N N I S A W V O B T O C E
N I H N O R C H A R D Y U H
O F O O N U R R V L Q V B N
Y G L X A N G W B Z D O U J
I N Z T L W F R W C E P S M
```

KASTANIE   MIGRATIOUN
KLIMA   MOUNT
EQUINOX   NATUR
FESTIVAL   ÄPPEL
BRENNHOLZ   SAISONAL
DUECHTEREN ORCHARD
ACORN

71 - Conduite

```
M A N C N Z P B Y H A G Y V
O U H Z S L M M H T C A P I
T T R A N S P O R T C R F T
O O U T R A F I K R I A O E
R S D N Y X I R A U D G U S
R F S M N X K D A C E E S S
P O L I C E D T R K N B S E
R O A D Z J L Z T T T R G J
W M O T O R R A D O Q E Ä P
B R E N N S T O F F U M N H
F T S N R E A G A S S S G G
S H U E R G E F O R Z E E K
F Y L I Z E N S E E Z N R W
O B Y U P Q E F B L Z L G T
```

ACCIDENT	MOTORRAD
TRUCKT	FOUSSGÄNGER
BRENNSTOFF	POLICE
KAART	ROAD
GEFOR	SAFE
BREMSEN	TRAFIK
GARAGE	TRANSPORT
GASS	TUNNEL
LIZENS	VITESSE
MOTOR	AUTO

72 - Plantes

```
Z E R A W W C J C H P C M S
U X Q Q Q P W N Z F K S E T
Z V E G E T A T I O U N B A
K Q I Q Y K L I B E U D W M
G A R D E N D C Y B L W E M
O I K A Y X T G H C R J F Z
R O O T B F L O R A X H E E
F L I E U A V F B A M B U L
B E R R Y S N C A R S O D L
B U S C H M D E M M T T Ü E
W U E S S E G G N Y N A N P
O N S A K B L Ë T T P N G P
Z B L O E M O O S E T I E B
R O S G P P F L E V A E R V
```

BAM	WALD
BERRY	WUESSE
BAMBU	BANEN
BOTANIE	GRAS
BUSCH	GARDEN
KAKTUS	EFEU
DÜNGER	MOOS
BLËTT	ROOT
BLOEM	STAMMZELLE
FLORA	VEGETATIOUN

73 - Ferme #2

```
H R C F J F S K L V X M E Y
D É I E R R C H A K U Ë J O
A I A N I U H G M R G L J R
D A T A R U A S M X U L L C
Y S M U S C F C W I P E F H
B X K D W H H H Z Z F C N A
M A I S E T O E K J F H F R
T T M U E G H U G E R Ä R D
B R F D S I A N E W M A T H
L A M A S E Q E M N I D Z W
D K U H X S H Z É B T E K S
L T F E N S K A I E H E S P
M O K O R F V D S I D R T E
S R I R R I G A T I O U N D
```

LAMM	LAMA
BAUER	GEMÉIS
DÉIER	MAIS
WEESS	SCHAF
ENTE	MAT
FRUUCHT GIESS	GERÄR
SCHEUNE	WIESE
IRRIGATIOUN	TRAKTOR
MËLLECH	ORCHARD

74 - École #1

```
A E O F V X B O O C C M E M
P L M Ë T T E M T L Z P X A
A Q F R Ë N N Z N É A I A T
P S P A S S A L K I S O M H
I K D Y B Ä N T W E R T E E
E L W K I E C H E R N F N M
R A P F B B T L O I N C Z A
D S Z J L I Y Q A N C Z V T
T S L Y I E Z P V I T F G I
S E C Q O R D N E R I J L K
B S Z G T N V K Z X X P Q T
L A A V E B L Ä I S T Ë F T
P L L U K C I M X L F W C Z
I L M P F A C R T J I U B G
```

ALFABET
FRËNN
SPASS
BIBLIOTEK
HL
BLÄISTËFT
MËTTE
ORDNER

LÉIERIN
EXAMEN
CHERN
MATHEMATIK
PAPIER
ÄNTWERT
KLASSESALL

75 - Vacances #2

```
A O J M Y T V X Y C P N C H
V U M I E R E I S A D J H Y
R Q S K A A R T C M H P Y Y
F B C L G B Y A E P X Y Y M
Q L T W Ä W F R É I S C H T
Q A U D A N N Z Y N O B O N
P M U C L G N V Z G F P K I
B Z I L H O T E L S X Y A E
P M O G W H C G R P F E M W
U A Q V C Q A P H L L Y S E
L T S I D O D F Z A S H F R
O C O S D O I K E Z U C H O
S T R A N D H F L N R T P L
T R A N S P O R T I N S E L
```

FLUCHHAFEN	PASS
CAMPINGSPLAZ	STRAND
KAART	NIEWEROLL
ZIL	ZELT
AUSLÄNNER	ZUCH
HOTEL	TRANSPORT
INSEL	VISA
FRÉISCHT	REIS
MIER	

76 - Outils

```
S R H L N M G M Z H F H N H
Z A N G E J E J K F V X H A
S O R W C R B S Q B Y P E M
C C A M L D R H S W N U F M
H M H I K P K A B E L P T E
R K P O D G S C H E R E E R
A Q Z X U X E I T Z C A R Y
U A X V Q L E I M J Z S D S
W F A C K E L Q L N P Y O T
A F B Y J I F P G V P M D B
Z L C I G D V G D E N V F J
D P X J A E J H U L T B C S
J B R Q J R L U Z B E M C Y
R A S I E R M E S S E R F S
```

HEFTER	HAMMER
KABEL	SCHOUL
SCHERE	ZANGE
LEIM	RASIERMESSER
SEEL	RAD
MESSER	FACKEL
LEIDER	SCHRAUW
AX	

77 - Temps

```
E T P S K M A E B C R Y B T
E M Q T R A N N U E L L U F
F O J O E R L G E S C H W P
N I U N L C S E M O U N T S
U E R N O Y I S N E W O C H
E N K R F W J T D D I N A D
C C P D V D D E P A E D Y T
H Z B N M W R Z G T R E Z
T X T F W I P N T V I C Z N
F A M E B N D U Z N J Y J T
W U H P Z U K U N F T N Y K
X E J B P T R M O M P Y B V
L R K L V T E J H R M Z U N
F V F D E K A D E F L V S Y
```

JOER	AUER
ANNUELL	DAG
NO	ELO
FIR	MOIEN
GESCHW	MEIDEN
KALENDER	MINUTT
DEKADE	MOUNT
ZUKUNFT	NUECHT
STONN	WOCH
GESTERN	

78 - Maison

```
F K E L L E R E H I D B G S
V Ë Z V K P O W E K A I A P
M F N X J J E P Z O C B R A
P L J S K X U Y P C H L D W
F A V U T B P E F H B I E E
E D H M D E C K E N O O N C
N B J M O S R V I I D T S K
Z D U E U E M P L S E E P U
G M W R S N C W T C N K I C
D A C H C L P U A H F A E D
W U R X H A Q R S E Q Q G I
V E X A E M N P T R I B E E
A R P K G P B N E K D K L R
X M A H H E C K N K A M I N
```

BESEN	DACHBODEN
BIBLIOTEK	GARDEN
SUMMER	LAMPE
KAMIN	SPIEGEL
PFEILTASTEN	MAUER
FENZ	DECKEN
KOCHNISCHE	DIER
DOUSCH	KELLER
FËNSTER	SPAWECK
GARAGE	DACH

79 - Légumes

```
E X Y Z N V G X Ë R K W K E
S C H A L L O T N I E S N R
T K M P I S P I N A T E U A
B R O K K O L I E K T L E D
R E O O L I V Y R X T L W I
X A C P A L G E R B S E E S
J G X U P F L U G T M R L C
I K E P V E R M C U Y I E H
K A R R O T L P B J R E K I
A R T I S C H O C K E K V N
B B F P E T E R S I L I E G
E E G P L A N T T O M A T W
K Ü R B I S A L A T O E A E
B T G E I V T V C O O W D R
```

KNUEWELEK	SPINAT
ALGE	INGWER
ARTISCHOCKE	TROPPEL
EEGPLANT	ËNNER
BROKKOLI	OLIV
KARROT	PETERSILIE
SELLERIE	ERBSE
KÜRBIS	RADISCH
GURKE	SALAT
SCHALLOT	TOMAT

80 - Plage

```
N B L O M T G K Q Y S Z V Z
F B O S A N D A L E A U D M
F F Z O Z M V A W H N C E Z
W D E N T W L O N I D U C Y
B H A N D D U C H B V P Z F
F Q N J Z J M H S T A P W G
S E G E L B O O T T K Ü S T
D I R S C H E N I W A M W U
K U N R P P L A G U N I O F
W R S S F Q S N U U Z E C O
S I A M E J U F X M T R C H
V F I B Y L K F R M A K J V
Z F Q M B K K Q M V T M S Z
H W B Q X E I A N C T C R R
```

BOOT	DIRSCHEN
BLO	RIFF
KÜST	SAND
KRABBE	SANDALE
INSEL	HANDDUCH
LAGUN	SONN
MIER	VAKANZ
OZEAN	SEGELBOOT

81 - Vacances #1

```
R E L A X A T I O U N L A Q
W U T O U R I S T W D U D M
M F C W F V J O T Ä K I O S
P U V K O F F E R H N M L J
Y F S D S G V Q A R H S R F
G D É E B A G I M U R P E H
W I I I U N K O R N H L Y H
W R P K T M C R P G F B C M
K S C H Ä F F E O K G D Y S
V C F D U Q L D F H N G I V
K H Y M S Y T É Z W V N A K
S E D E X P E D I T I O U N
K N M R U K Y V H E V M T V
Y O P S Z O L L N H R C O B
```

FLÉIER	DIRSCHEN
WÄHRUNG	RELAXATIOUN
ZOLL	RUCKSAK
EXPEDITIOUN	TOURIST
SCHÄFFE	TRAM
SÉI	KOFFER
MUSEUM	AUTO

82 - Famille

```
K Z E W D G A N J K M T H I
A K M D B U N N T A F A V R
N P M K O S E N G N I N M B
D C S B M O V C D D B T G M
H X W E I P E S H N I E S S
E O N K E L U B P T X V C V
E B R U D D E R C A E M H I
T V Ä T E R L I C H P R W R
M Ü T T E R L I C H S P Ë F
S I Z S B U A W U F W G S A
P Q K A N N E R M A N N T H
X L P T F H G L G F Z R E R
Q F R A M L P R Q N B U R E
Q S O G R O U S S P A P P E
```

VIRFAHRE
KOSENG
KANDHEET
KAND
KANNER
FRA
DUECHTER
BRUDDER
BOMI
GROUSSPAPP

MANN
MÜTTERLICH
MAMM
NEVEU
NIESS
ONKEL
VÄTERLICH
PAPP
SCHWËSTER
TANT

83 - Oiseaux

```
S Q W G D N H Y O N V E K C
W P C N A U K U H J X B W O
A I A D L E R U H O F L U L
N N S U I G Ä I S N C K Z U
T G O R E I H E R K U C K M
O U S F Z R W N G G L G L B
U I P T N N N T B V I P T A
C N C A R C L E I T H A G V
A B B D O U W E N O Y P O H
N P J J P F U D D Z V A G G
D N E Z U M J S N E E G Y C
M Ö V E S T O R C H U E K W
D U N V Z R H E Z F A I D V
P E L I K A N U S L P A V O
```

ADLER	SPAUER
STRUUS	MÖVE
ENTE	EEG
STORCH	GÄIS
DOUWEN	PAVO
KRÄH	PAPAGEI
KUCK	PELIKAN
SWAN	COLUMBA
REIHER	HUHN
PINGUIN	TOUCAN

84 - Disciplines Scientifiques

```
B I O L O G I E N D Q M W Ö
E J A R C H E O L O G I E K
F J C A D A N A T O M I E O
P S Y C H O L O G I E H K L
P H Y S I O L O G I E S W O
H C B G E O L O G I E F A G
O L I N G U I S T I K X D I
F B O I M M U N O L O G I E
S O C I O L O G I E R V C B
V T H E R M O D Y N A M I K
Z A E M E C H A N I K C X O
D N M I N E R A L O G I E O
L I I H Y F Y S C H E M I E
Y E E A S T R O N O M I E E
```

ANATOMIE
ARCHEOLOGIE
ASTRONOMIE
BIOCHEMIE
BIOLOGIE
BOTANIE
CHEMIE
ÖKOLOGIE
GEOLOGIE

IMMUNOLOGIE
LINGUISTIK
MECHANIK
MINERALOGIE
PHYSIOLOGIE
PSYCHOLOGIE
SOCIOLOGIE
THERMODYNAMIK

85 - Émotions

```
O Z Z T S A D S I D J N C B
Q E B K N O K K X K M F X W
L F R E E D T C A S B U H T
R R O V O A R K M G U Z L V
B I U G G N A H A Q Ë U K M
V D E I V K U J L W U T M G
R D G G C B E C Ë Z Ä I T T
I E M X L A R D S X S S F P
M N R C H A S U C G C G F Z
K L M V N R D J H Z H B R U
Y L E B D P N Y T T T Y I F
F D M R X J Y R O X U Q D K
G Ä R E N P O Q Q B V F D I
B E X U S Y M P A T H I E F
```

GÄREN	ÄSCHT
ROUEG	DANKBAAR
WUT	ZEFRIDDEN
LËSCHT	SYMPATHIE
GËTT	ZÄITT
FREED	TRAUER
FRIDDE	

86 - Géographie

```
G G P S Y W U K A A R T I S
K W E L T E M O T G E B N I
T B T O Q S I N L B G V S V
Q E A V C T E T A L I K E F
F A R P O E R I S S O E L B
V C T R H N F N K T U U R Q
I P R R I Q P E A A N Q L G
H Ö C H T T I N P D O G S B
H X X R B N O T R D R Y R H
V F C W A P N I S Ü D E N F
T C L K W Z H C R V E K F N
U A L O Z E A N Z E N P D P
H E M I S P H Ä R L A N D O
B R E E D E G R A D C I R S
```

HÖCHT	BIERG
ATLAS	NORDEN
KAART	OZEAN
KONTINENT	WESTEN
FLOS	LAND
HEMISPHÄR	REGIOUN
INSEL	SÜDEN
BREEDEGRAD	TERRITOIRE
MIER	STAD
WELT	

87 - Danse

```
T A K L A S S I S C H K L R
R C U N C K M G R F U U N H
A A J J H O I U H W T L G Y
D D E T O N V E S J E T R T
I E M Z R S B K R I F U J H
T M O N E C C S B P K R Y M
I I T A O H M U P N E V N U
O E I S G T Q Q F I K R B S
N P O B R K U L T U R E L L
E I N G A K R Ä I S C H E K
L C L W P A R T N E R I W Y
L J G I H F R Ë S C H T H A
G N Y V I S U E L L G W Z F
G B E W E G U N G N A D E O
```

ACADEMIE
KONSCHT
CHOREOGRAPHIE
KLASSISCH
KIERPER
KULTUR
KULTURELL
KRÄISCHE
EMOTION

GNADE
FRËSCHT
BEWEGUNG
MUSIK
PARTNER
RHYTHMUS
TRADITIONELL
VISUELL

88 - Bâtiments

```
Q K Y P S A Z T U R M Z X U
F A A F U M G H G A R A G E
A B N O P B P E L M F N G A
B I U B E A S A A U X S P P
R N M S R S A T B S Y C J P
I N S E M S K E O E S H N A
E E C R A Y R R R U R L N R
K A H V R N A N A M G O W T
K S E A K S M H T F E S B E
H I U T T S C H O U L P I M
O U N I V E R S I T É I T E
T K E O X Q I E R X B D Z N
E R X U C K C Z E L T O M T
L K V N S T A D I O N L N N
```

AMBASSY	LABORATOIRE
APPARTEMENT	MUSEUM
KABINN	OBSERVATIOUN
SCHLOS	STADION
KINO	SUPERMARKT
SCHOUL	ZELT
GARAGE	THEATER
SCHEUNE	TURM
SPIDOL	UNIVERSITÉIT
HOTEL	FABRIEK

89 - Pêche

```
Y Q E S R G G E W I C H T G
Ü B E R D R E I W U N G P A
G Q T Y J X W D J E X U J I
P E F S É I A S O E E F S X
K U E R F P A V K L N G X D
J F D I G Z S K A O D X D Z
X Q Z R V M S G B S C T U A
S D B V T O E A O H A A K H
N T Q T X K R M O R O O O Z
F D R K Ö D E R T J Z B M H
F U O A I D B T K I E F E R
L A L L N E H B H E A Z N Y
O C F C P D M E J I N L N H
S L R B L Z V E T G P N P V
```

KÖDER	SÉI
BOOT	KIEFER
KIEME	OZEAN
HAAK	KUERF
WAASSER	GEDOLD
ÜBERDREIWUNG	STRAND
FLOS	GEWICHT

90 - Activités et Loisirs

```
K O N S C H T G S R V H X V
F U S S B U S O C U E B B Y
W E I E R E N L H T R E X G
E M X N Y S G F W E S F S M
P B A S K E T P A N C Y E O
D A U E R S P L M N H L R N
R S M P R M H A M I E B E P
U E G I E A Y T E S M E L V
V B Z U A H T Z N P A M A M
C A M P I N G S P L A Z X B
Z L V O L L E Y B A L L E O
U L X E G F D Z B T I P N X
B D G W M L C S L Z V S G L
J I F N R M G A R D E N X L
```

KONSCHT	SCHEMA
BASEBALL	DAUER
BASKET	WEIEREN
BOX	RELAXEN
CAMPINGSPLAZ	SURFEN
FUSSBUS	TENNISPLATZ
GOLFPLATZ	VOLLEYBALL
GARDEN	REES
SCHWAMMEN	

91 - Livres

```
S A E I E A A W R C Z L O G
A U R F C L I T E R A I R E
M T Z T R A G I S C H E N S
M E I R H I S T O R I S K C
E U E G E D I C H O S E S H
L R L J P L G C J M Z R R I
N S E R I E E T M A X D Q C
V C R O S I N V E N T I V H
Q F Z W C N N G A L K I C T
Z P S C H F M K O N T E X T
D U A L I T Ä T X J T C B Z
A V E N T U R E S Ä I T B S
E A K P V S J S P O Ë S I E
H U M O R V O L L A W O Q J
```

AUTEUR	LIESER
AVENTURE	LITERAIRE
SAMMEL	ERZIELER
KONTEXT	SÄIT
DUALITÄT	RELEVANT
EPISCH	GEDICH
GESCHICHT	POËSIE
HISTORISK	ROMAN
HUMORVOLL	SERIE
INVENTIV	TRAGISCH

92 - Pays #2

```
L Q A L B A N I E N T Y R I
I U T K S V J A P A N H U R
B F G S P Q A E B E A L S L
A E R A O X M E X I K O S A
N V X Z N S A S F J E M L N
O I S C H A I L R S N J A D
N E M A R K K D A F I O N Z
U K R A I N A E N O A C D E
T R M S A U P A K I S T A N
S O M A L I A U R D U Y N R
A G E L O G G T Ä A D G G X
M L W W W Y L G I V A J R X
C H I N E S E S C H N P O C
S Y R I E N Y Q H A Ï T I N
```

ALBANIEN	LAOS
CHINESESCH	LIBANON
NEMARK	MEXIKO
FRANKRÄICH	UGANA
HAÏTI	PAKISTAN
AGELOGGT	RUSSLAND
IRLAND	SOMALIA
JAMAIKA	SUDAN
JAPAN	SYRIEN
KENIA	UKRAIN

93 - Fournitures d'Art

```
A W V Y T Y R X N X V B Q R
C S A O O G E C P P H L C A
R M G S A N G X C E M E I D
Y K G S S I D E E N V I G I
L X N T O E T I N T E S F E
Y M M A F W R Q S M X T P R
Z H T F L E V F P D X I A G
K I G F N F I R A M F F P U
T A B E L L K H C R F T I M
O O M L B Ë S C H T B E E M
K Y Z E H S U E L E G E R I
O M K I R S W A A S S E R K
L P K R E A T I V I T É I T
Q L E I M O R N H L X Q O J
```

ACRYL
WASSERFARBE
NIEWEFLËSS
BËSCHT
KAMERA
HL
STAFFELEI
LEIM
BLEISTIFTE

KREATIVITÉIT
WAASSER
TINTE
RADIERGUMMI
UELEG
IDEEN
PAPIER
TABEL

94 - Jouets

```
P H G K O S K W O M I B E A
H A T R U C K T D V R X D U
A N D A A H F D D P O P P T
N D P H M A N Z R I H E A O
T W Q M C C I Q U Y B A L L
A I F M H H E H M C D Z Q R
S E A Q E S W Y M J H Q E O
I R F O R P E C I B D F J B
E K V K N I F A V O R I T O
C E A E Y L L L C O X C Z T
M R A W E L Ë E É T I Q F E
G Y V V W L S A K I X G H R
H J S O P B S G E P E B E C
D L W O E J Y H V U R R Q L
```

NIEWEFLËSS	MVP
HANDWIERKER	CHERN
FLÉIER	POPP
BALL	ROBOTER
BOOT	DRUM
TRUCKT	ZUCH
SCHACHSPILL	VEEL
FAVORIT	AUTO
PHANTASIE	

95 - Eau

```
C I F V C U L U J O M T G B
L R I M E B M B B V Z L Y S
K R I P T R Q P H V H E D F
G I C I Ä X D O U S C H A R
C G H D I D P U G N I Z M N
S A T Q S U K A N A L A P U
C T E F É E C D G S T V C L
H I G H I C W F E Y T D B T
N O K U I H P R I F D U N Q
É U E O D T W J S H L D N E
I N E X W E L L E N P O Z G
S A T L G R O W R E A S S N
R E E N O E H U R R I C A N
L K H M O N S U N R F V Z C
```

KANAL
DOUSCH
VERDUNSTUNG
FLOS
DUECHTEREN
GEISER
ÄIS
FIICHTEGKEET
IRRIGATIOUN

SÉI
MONSUN
SCHNÉI
OZEAN
HURRICAN
REEN
WELLEN
DAMP

96 - Paysages

```
Q I T O O A A B H S T E Z T
R Y H U W G X Q N É D R L D
R O B I N H A L L I N N E L
G V A H E D T Z E N J G E S
L E Y Q H O R J T S K P P U
A H I Q N A L A U E T G M M
Z S T S Z S A E A L A F D P
I W Y D E C N Y R F C L A F
E E Y S S R B T Y R H O L Y
R A Y N T M R J F W C S L Q
R B I E R G I O V U L K A N
O V W A A S S E R F A L L L
D Z V N N U A N R H I L L G
S T E T D T A Y R Q H I E L
```

WAASSERFALL	SÉI
HILL	SUMPF
STE	MIER
ETUARY	BIERG
FLOS	OAS
GEISER	HALLINNEL
GLAZIER	STRAND
HIEL	TUNDRA
ROBIN	DALL
INSEL	VULKAN

97 - Nombres

```
V G F I Z U Z F O F Z É N G
T É Y Ë U E C H T Z É N G S
E S I X N S S D U W D R Ä I
B R D E M N S E T F R S I E
V I E R R I E T C W Ä H Y B
S E W E N Z W F I H I P S Z
T U N A K D É E U X Z W E E
Z W A N Z E G N X Q É E C H
W O B É É Z A O G A N Z H N
I P I N N I A N A V G W S N
E J G G G M C Z H W Y Q A U
L N O X E A H É Q U P R N L
E F E W U L T N A O L H T L
F Y Z I W O R G R O Q S B Z
```

FËNNEF	VÉIERZÉNG
ZWEE	VIER
DEZIMAL	FOFZÉNG
ZÉNG	SECHZEHN
UECHTZÉNG	SEWEN
NONZÉNG	SECHS
SIEBZEHN	DRÄIZÉNG
ZWIELEF	DRÄI
AACHT	ZWANZEG
NÉNG	NULL

98 - Nature

```
W N P F W C G P U S W W H H
Ë A K K O Q L L H G L V E E
L R L X L K N I A U H M I L
L K L D K A J Y J Z I X T L
T T T B E I E N J U I A E E
T I D Y N A M I S C H E R G
R S C H O O N H E I D F R T
O U J P X F L O S A J E X U
P R M J D N I W W E L D O M
I D O Z É L Y S O J L J Z F
S M V U I Z Q E C Q M R H H
K R L R E R O S I O U N M N
S T E S R G N B L Ë T T F A
E N T S C H E E D E N D F G
```

BEIEN	WALD
DÉIER	GLAZIER
ARKTIS	WOLKEN
SCHOONHEID	ROUEG
NIWWEL	HELLEGTUM
STE	WËLLT
DYNAMISCH	HEITER
EROSIOUN	TROPISK
BLËTT	ENTSCHEEDEND
FLOS	

99 - Bateaux

```
U  J  F  W  S  É  I  T  N  D  Z  B  P  K
K  C  F  B  E  V  Ë  L  K  E  R  U  N  G
A  Y  W  Q  G  L  Q  Q  H  J  U  E  H  M
N  Z  G  S  E  E  L  E  H  E  M  T  N  R
N  Z  C  S  L  L  F  E  I  M  I  E  R  C
M  A  S  T  B  K  X  L  N  W  L  U  D  N
O  M  P  M  O  T  O  R  U  I  I  R  E  U
F  L  O  S  O  Z  E  A  N  T  T  C  E  X
V  O  M  T  T  V  H  V  N  S  A  G  M  Z
X  A  N  A  U  T  I  S  C  H  N  P  B  X
X  O  N  Y  A  C  H  T  N  X  T  L  Y  I
N  F  G  K  A  Y  A  K  T  N  Q  G  O  D
S  J  V  O  E  M  I  C  X  Y  B  D  Z  L
G  E  Z  G  C  R  E  W  L  P  F  R  G  G
```

ANKER	MILITANT
BUET	MAST
KANN	MIER
SEEL	MOTOR
CREW	NAUTISCH
BEVËLKERUNG	OZEAN
FLOS	DEE
KAYAK	WELLEN
SÉI	SEGELBOOT
FLUT	YACHT

100 - Mesures

```
X J D O H Z N W L O T K P I
Q J G C L S B Y I O A I N H
R Z O L L H B Y T E R L L J
D E Z I M A L L E M F O X L
F N M A S S J R R I B G G G
V T H É I C H T B D Z R E R
M I N U T T D G R A D A W A
G M D A J O O A E O H M I M
I E F É X N C H E R N M C M
O T S K I N C Q T B B Z H Y
G E U E N F E Y L Ä N G T W
D R N E J P T P S Q R U O R
X H J L E C B Y P E B B M F
K I L O M E T E R R P Z Z G
```

ZENTIMETER   LÄNGT
GRAD   MASS
DEZIMAL   MINUTT
GRAMM   BYTE
HÉICHT   ONZ
KILOGRAMM   GEWICHT
KILOMETER   ZOLL
BREET   DÉIFT
LITER   TONN

1 - Été

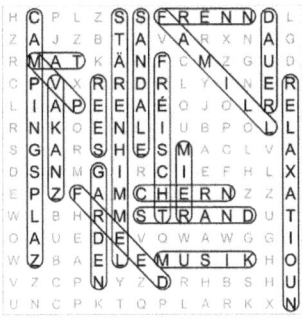

2 - Adjectifs #2

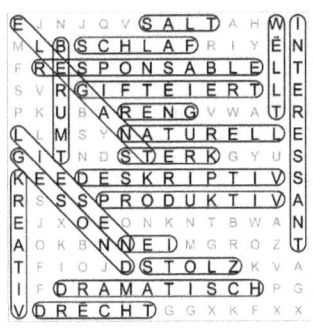

3 - Exploration

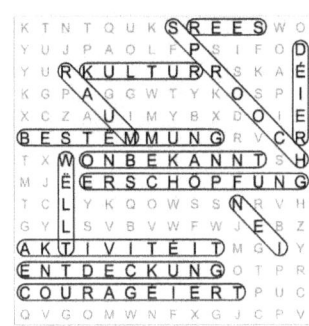

4 - Formes

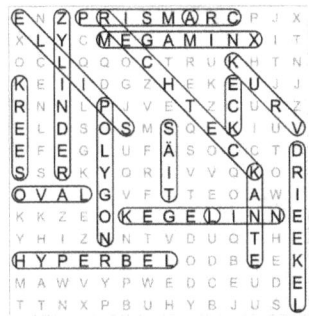

5 - Salle de Bains

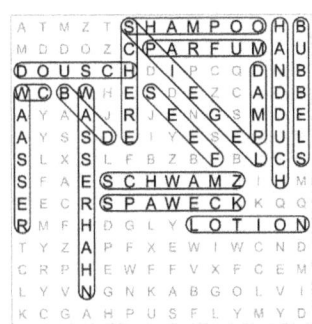

6 - Outils de Cuisine

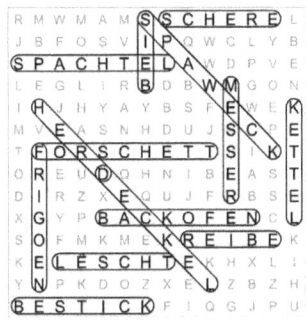

7 - Adjectifs #1

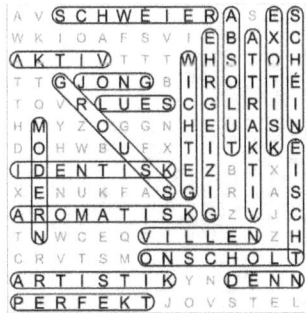

8 - Instruments de Musique

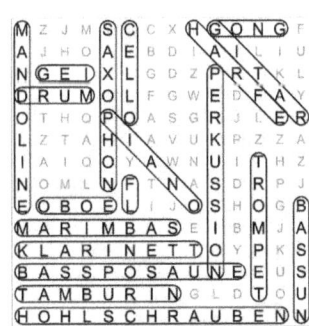

9 - Échecs

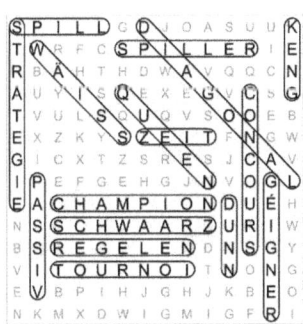

10 - Herboristerie

11 - Véhicules

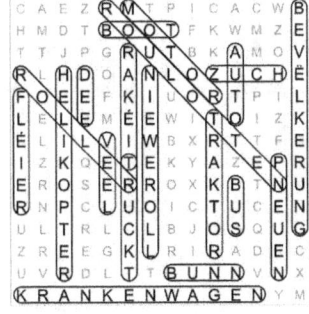

12 - Camping

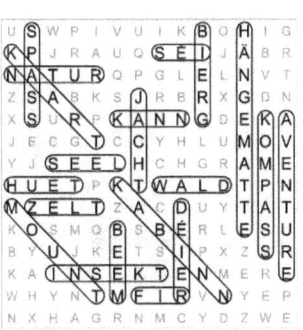

13 - Écologie

14 - Astronomie

15 - Types de Cheveux

16 - Restaurant #1

17 - Mammifères

18 - Sports

19 - Chocolat

20 - Mathématiques

21 - Mythologie

22 - Restaurant #2

23 - Couleurs

24 - Avions

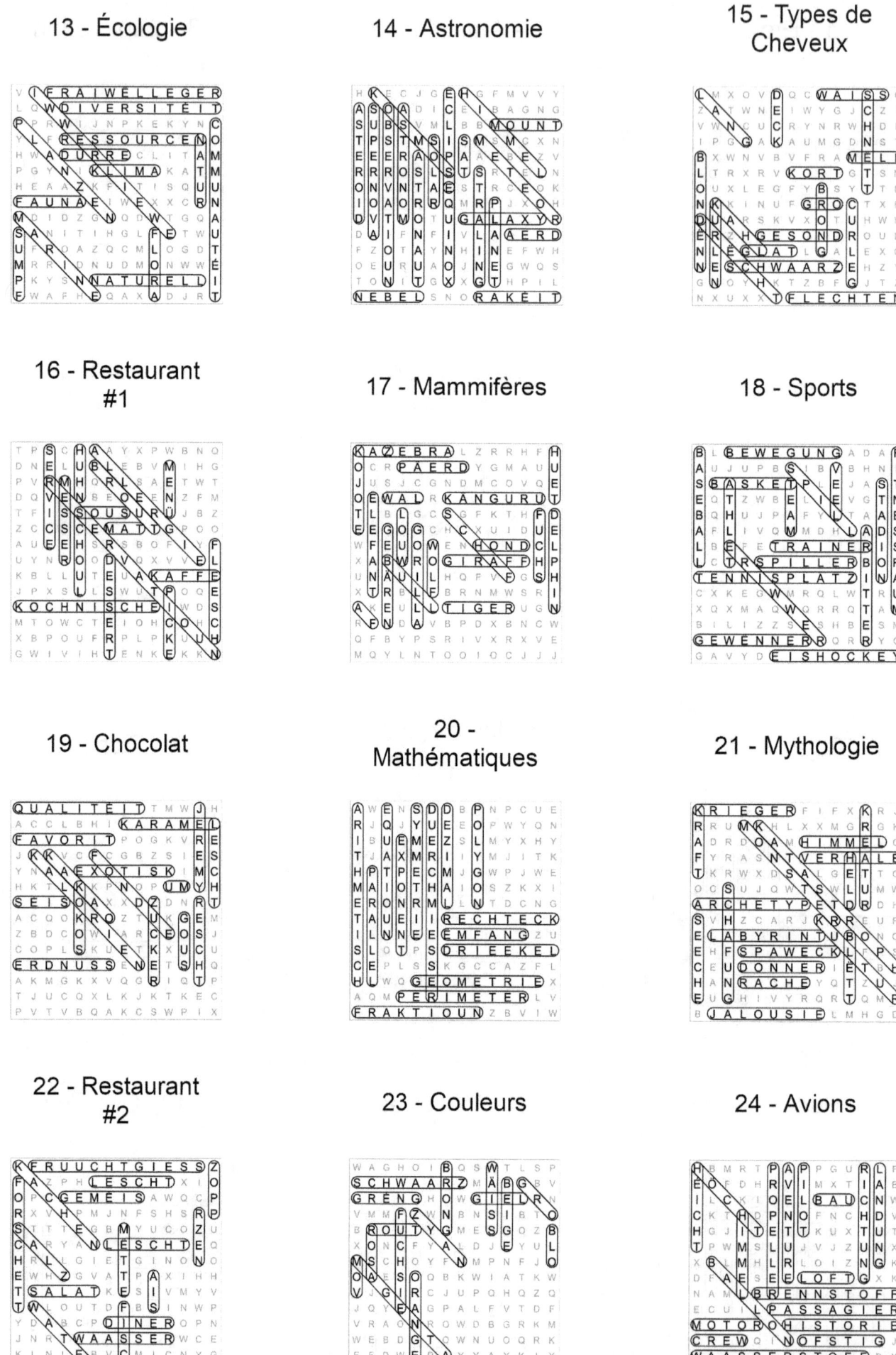

25 - Aventure

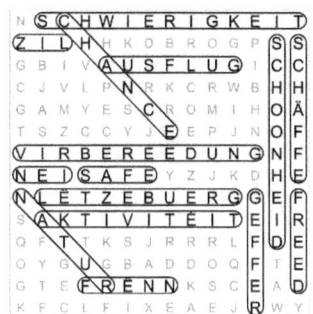

26 - Ville

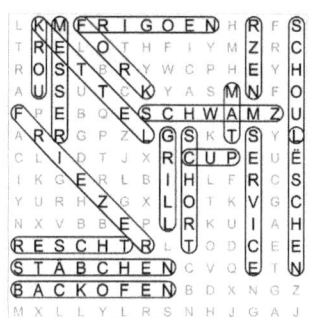

27 - Cuisine

28 - Corps Humain

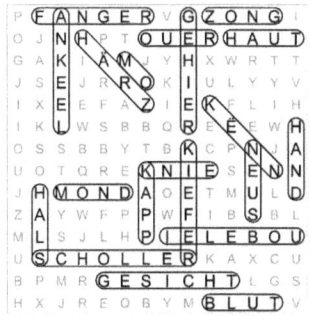

29 - Épices

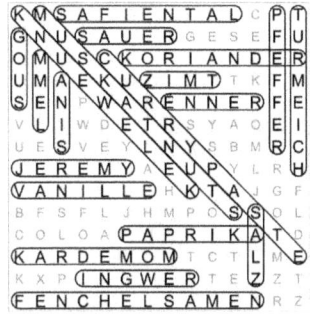

30 - Science

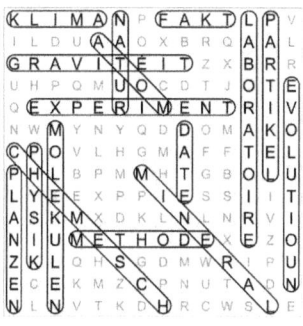

31 - Vêtements

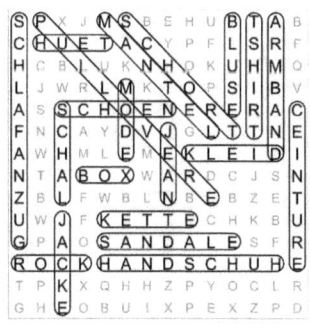

32 - Arts Visuels

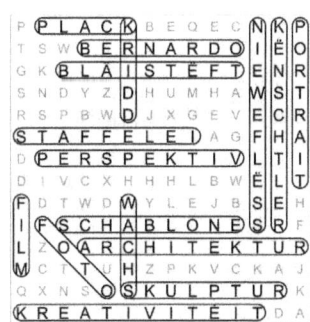

33 - Méditation

34 - Littérature

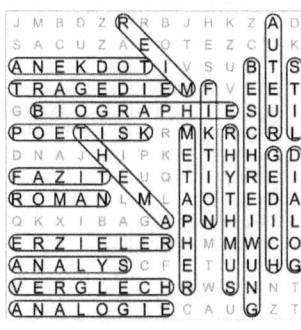

35 - Nourriture #1

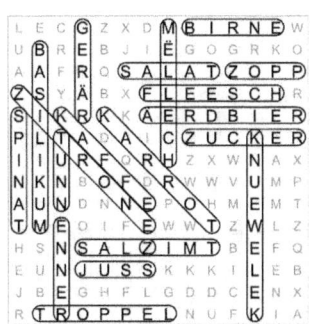

36 - Jours et Mois

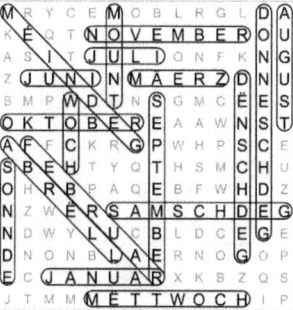

37 - Championnat

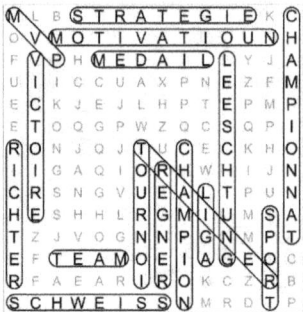

38 - Pirates

39 - Activités

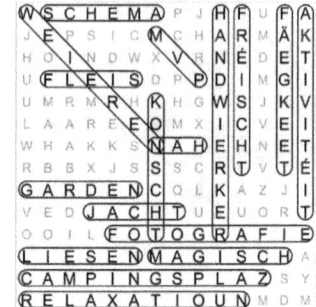

40 - Fleurs

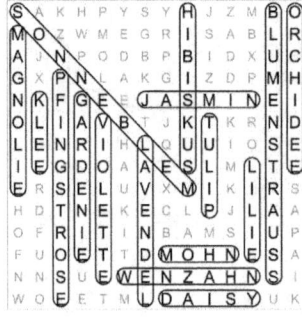

41 - Nourriture #2

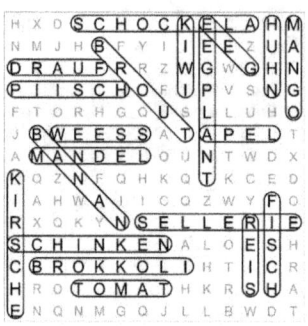

42 - Océan

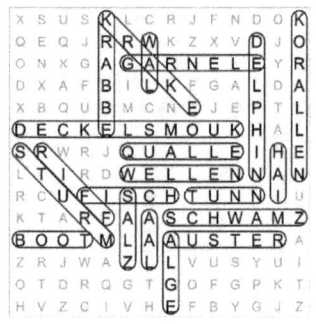

43 - Ballet

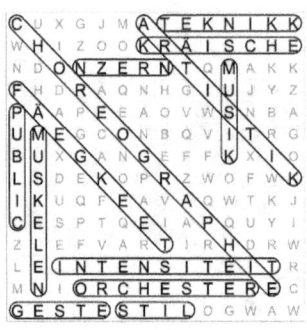

44 - Fruit

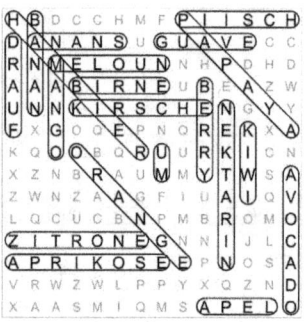

45 - Surf

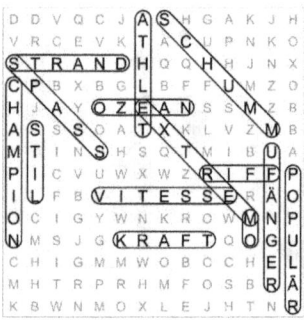

46 - Technologie

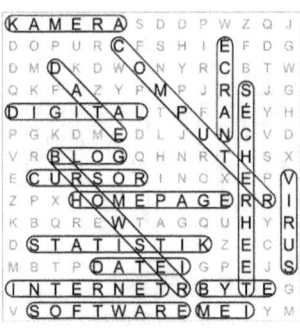

47 - Météo

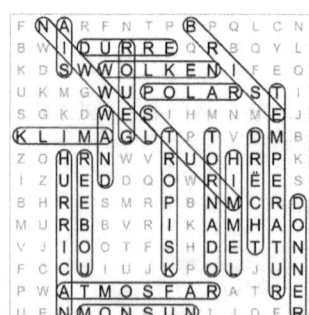

48 - Châteaux

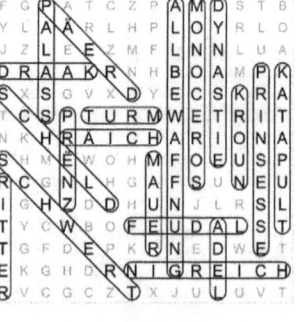

49 - Randonnée

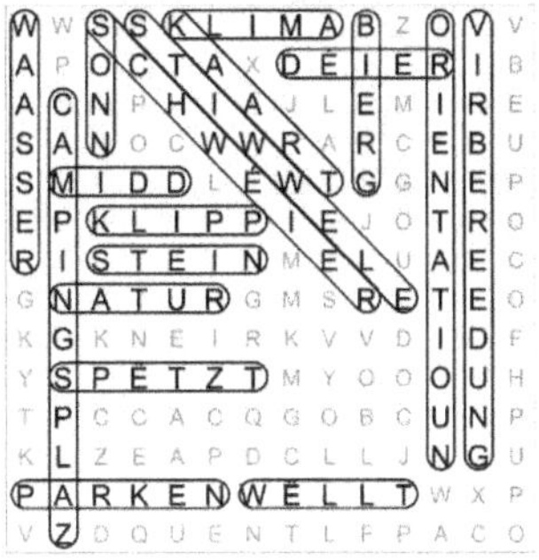

50 - Art

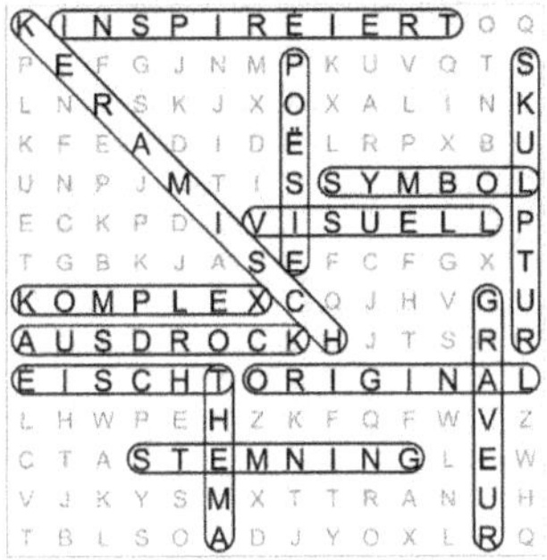

51 - Nutrition

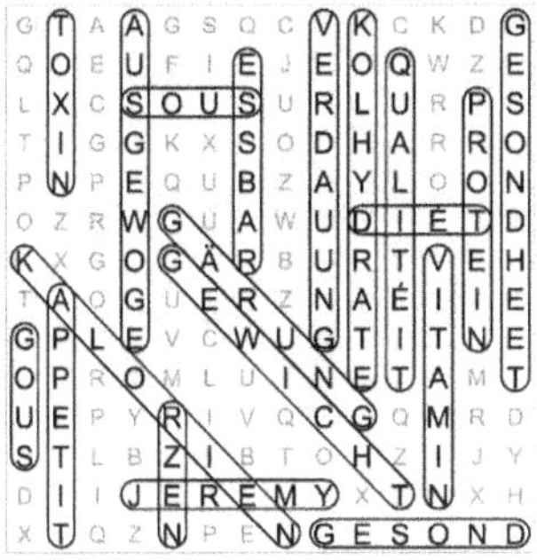

52 - Science Fiction

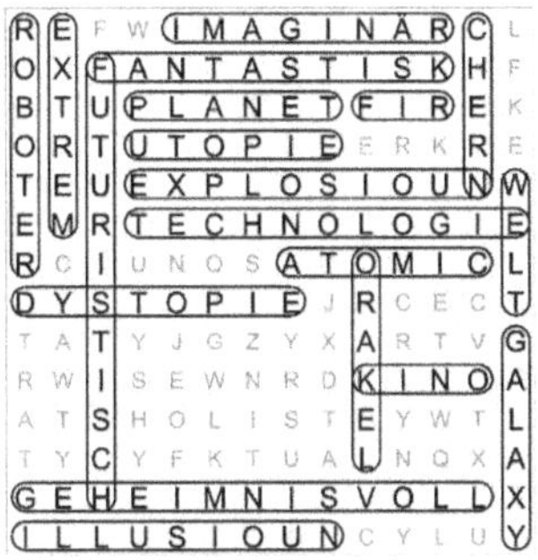

53 - Vertus #1

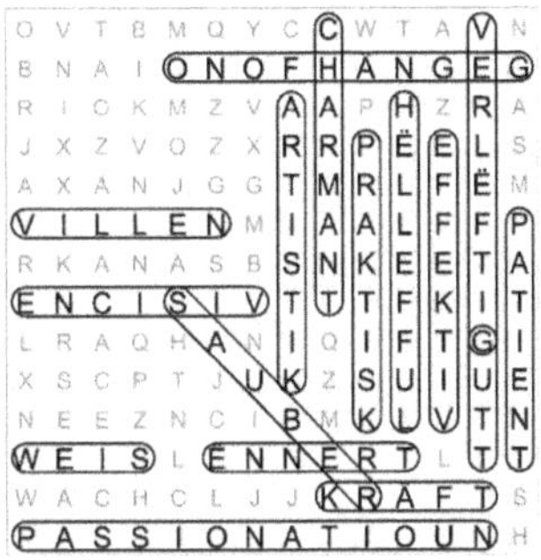

54 - Professions #1

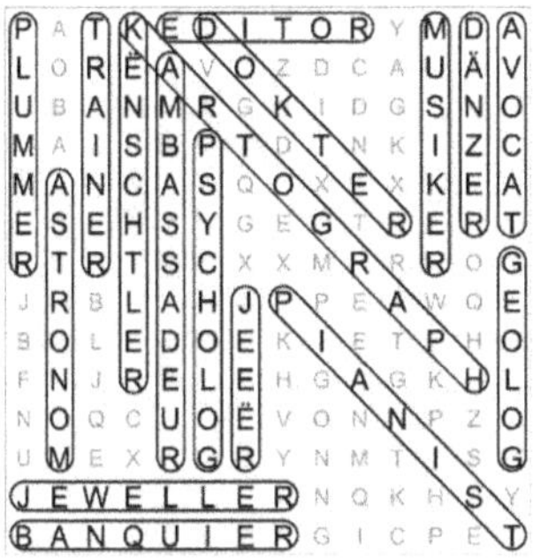

55 - Géologie

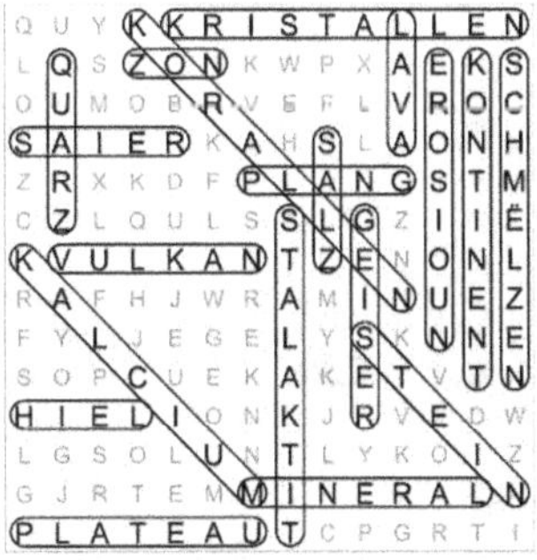

56 - Cirque

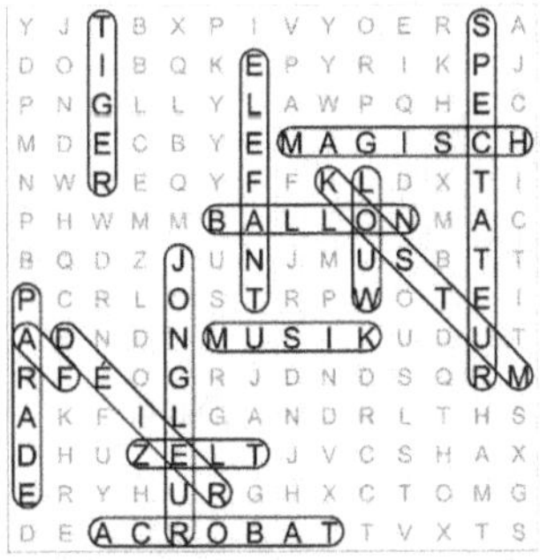

57 - Jardin

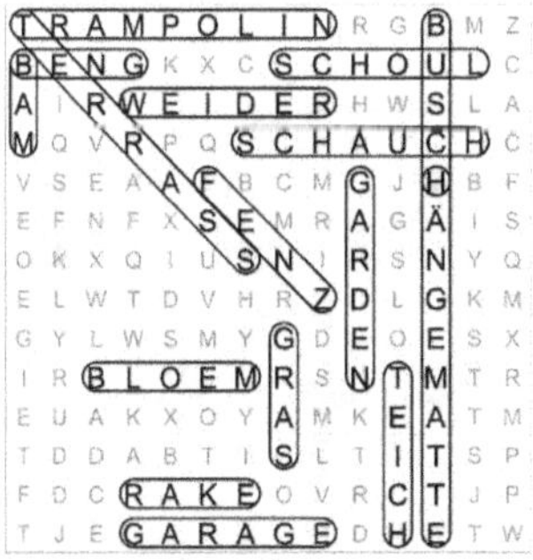

58 - Barbecues

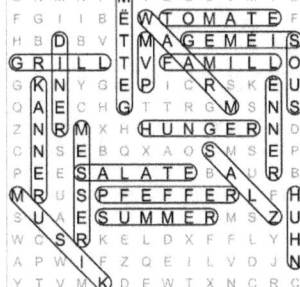

59 - Anniversaire

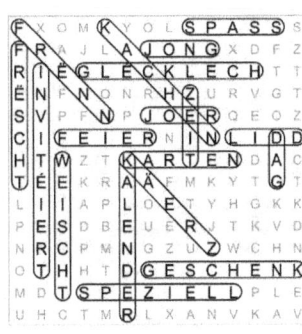

60 - Animaux de Compagnie

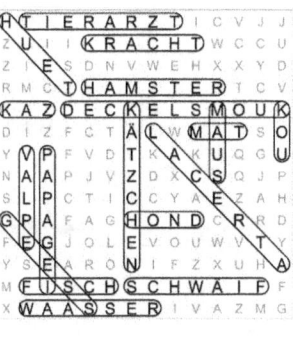

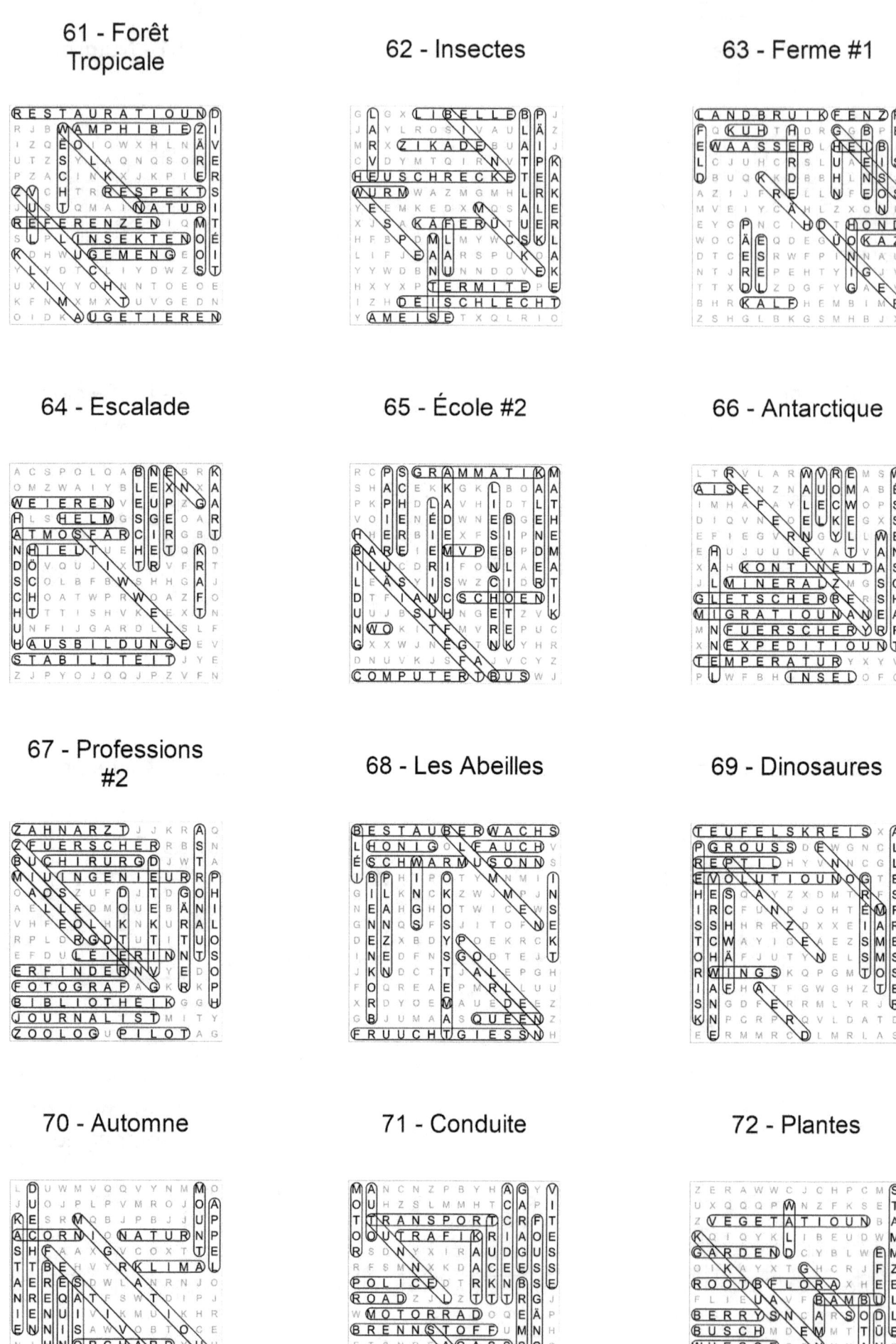

61 - Forêt Tropicale

62 - Insectes

63 - Ferme #1

64 - Escalade

65 - École #2

66 - Antarctique

67 - Professions #2

68 - Les Abeilles

69 - Dinosaures

70 - Automne

71 - Conduite

72 - Plantes

73 - Ferme #2

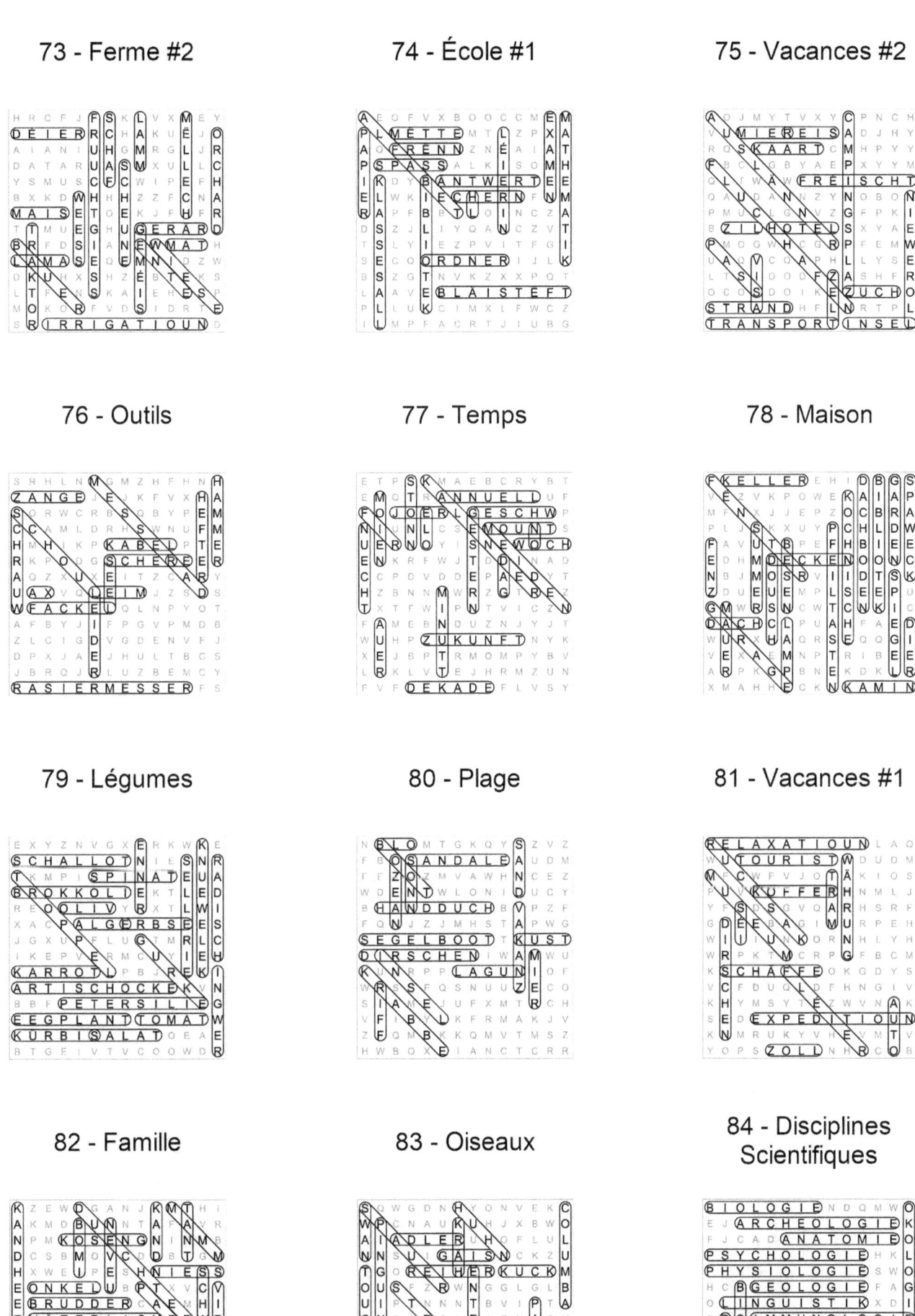

74 - École #1

75 - Vacances #2

76 - Outils

77 - Temps

78 - Maison

79 - Légumes

80 - Plage

81 - Vacances #1

82 - Famille

83 - Oiseaux

84 - Disciplines Scientifiques

85 - Émotions

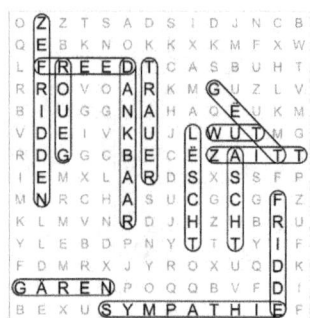

86 - Géographie

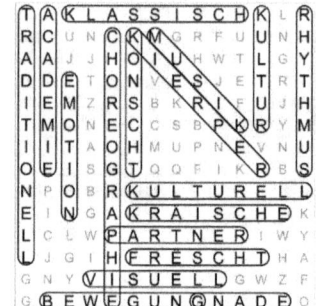

87 - Danse

88 - Bâtiments

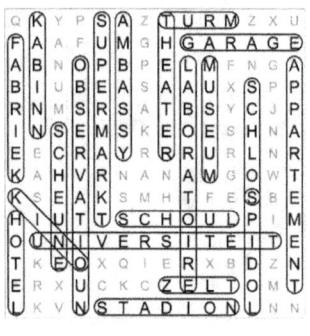

89 - Pêche

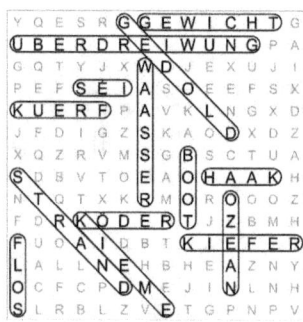

90 - Activités et Loisirs

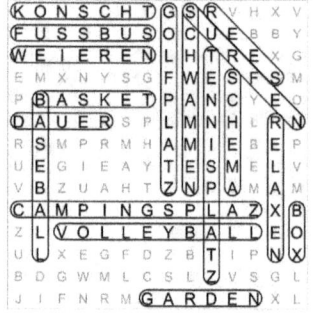

91 - Livres

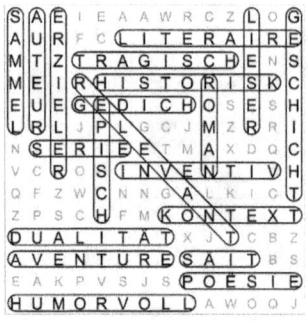

92 - Pays #2

93 - Fournitures d'Art

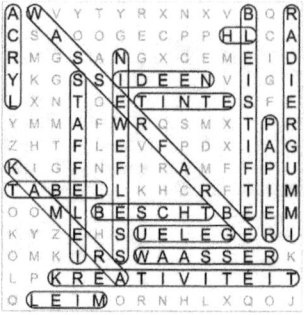

94 - Jouets

95 - Eau

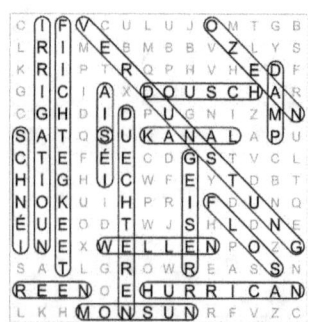

96 - Paysages

97 - Nombres

98 - Nature

99 - Bateaux

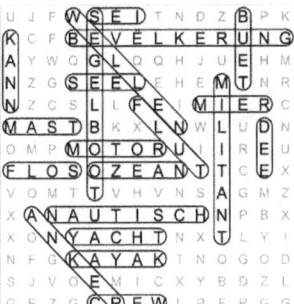

100 - Mesures

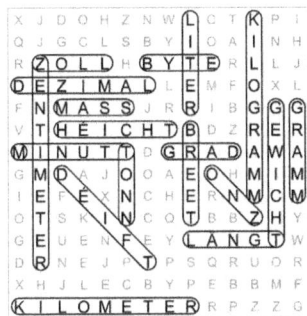

Dictionnaire

Activités
Aktivitéiten

Activité	Aktivitéit
Art	Konscht
Artisanat	Handwierker
Camping	Campingsplaz
Chasse	Jacht
Compétence	Fäegkeet
Couture	Näh
Jardinage	Garden
Jeux	Mvp
Lecture	Liesen
Loisir	Fréischt
Magie	Magisch
Pêche	Schema
Photographie	Fotografie
Plaisir	Fleis
Randonnée	Weieren
Relaxation	Relaxatioun

Activités et Loisirs
Aktivitéiten a Fräizäit

Art	Konscht
Base-Ball	Baseball
Basket-Ball	Basket
Boxe	Box
Camping	Campingsplaz
Football	Fussbus
Golf	Golfplatz
Jardinage	Garden
Nager	Schwammen
Pêche	Schema
Plongée	Dauer
Randonnée	Weieren
Relaxant	Relaxen
Surf	Surfen
Tennis	Tennisplatz
Volley-Ball	Volleyball
Voyage	Rees

Adjectifs #1
Adjektive #1

Absolu	Absolut
Actif	Aktiv
Ambitieux	Ehrgeizig
Aromatique	Aromatisk
Artistique	Artistik
Attractif	Attraktiv
Beau	Schéin
Exotique	Exotisk
Énorme	Grouss
Généreux	Villen
Honnête	Éischt
Identique	Identisk
Important	Wichteg
Innocent	Onscholt
Jeune	Jong
Lent	Lues
Lourd	Schwéier
Mince	Dënn
Moderne	Modern
Parfait	Perfekt

Adjectifs #2
Adjektive #2

Authentique	Liesen
Célèbre	Berumt
Créatif	Kreativ
Descriptif	Deskriptiv
Doué	Giftéiert
Dramatique	Dramatisch
Élégant	Elegant
Fier	Stolz
Fort	Sterk
Intéressant	Interessant
Naturel	Naturell
Nouveau	Nei
Productif	Produktiv
Pur	Reng
Responsable	Responsable
Sain	Gesond
Salé	Salt
Sauvage	Wëllt
Sec	Drëcht
Somnolent	Schlaf

Animaux de Compagnie
Hausdéieren

Chat	Kaz
Chaton	Kätzchen
Chèvre	Geess
Chien	Hond
Chiot	Valpe
Collier	Kracht
Eau	Waasser
Hamster	Hamster
Lapin	Huet
Lézard	Lacerta
Nourriture	Mat
Perroquet	Papagei
Poisson	Fisch
Queue	Schwäif
Souris	Maus
Tortue	Deckelsmouk
Vache	Kou
Vétérinaire	Tierarzt

Anniversaire
Gebuertsdag

Amis	Frënn
Amusement	Spass
Année	Joer
Bougies	Käerz
Cadeau	Geschenk
Calendrier	Kalender
Cartes	Karten
Chanson	Lidd
Fête	Feier
Gâteau	Kachen
Heureux	Glécklech
Invitations	Invitéiert
Jeune	Jong
Jour	Dag
Joyeux	Fréischt
Sagesse	Weischt
Spécial	Speziell
Temps	Zeit

Antarctique
Antarktis

Baie	Bay
Baleines	Walen
Chercheur	Fuerscher
Conservation	Referenzen
Continent	Kontinent
Eau	Waasser
Environnement	Ëmwelt
Expédition	Expeditioun
Géographie	Geographie
Glace	Äis
Glaciers	Gletscher
Îles	Insel
Migration	Migratioun
Minéraux	Mineral
Oiseaux	Vuel
Péninsule	Hallinnel
Rocheux	Rocky
Scientifique	Wëssenschaft
Température	Temperatur
Topographie	Topographie

Art
Konscht

Céramique	Keramisch
Complexe	Komplex
Expression	Ausdrock
Honnête	Éischt
Humeur	Stemning
Inspiré	Inspiréiert
Original	Original
Poésie	Poësie
Sculpture	Skulptur
Sujet	Thema
Surréalisme	Graveur.
Symbole	Symbol
Visuel	Visuell

Arts Visuels
Visuell Konscht

Architecture	Architektur
Argile	Nieweflëss
Artiste	Kënschtler
Chef-D'Œuvre	Bernardo
Chevalet	Staffelei
Cire	Wachs
Craie	Kridd
Crayon	Bläistëft
Créativité	Kreativitéit
Film	Film
Perspective	Perspektiv
Photographie	Foto
Pochoir	Schablone
Portrait	Portrait
Sculpture	Skulptur
Stylo	Plack

Astronomie
Astronomie

Astéroïde	Asteroid
Astronaute	Astronaut
Astronome	Astronom.
Ciel	Himmel
Cosmos	Kosmos
Éclipse	Eclipse
Équinoxe	Equinox
Fusée	Rakéit
Galaxie	Galaxy
Lune	Mount
Météore	Meteor
Nébuleuse	Nebel
Observatoire	Observatioun
Planète	Planet
Radiation	Straling
Satellite	Sat
Solaire	Solar
Supernova	Supernova
Terre	Äerd
Univers	Universum

Automne
Hierscht

Châtaignes	Kastanie
Climat	Klima
Équinoxe	Equinox
Festival	Festival
Feux	Brennholz
Gel	Duechteren
Gland	Acorn
Migration	Migratioun
Mois	Mount
Nature	Natur
Pommes	Äppel
Saisonnier	Saisonal
Verger	Orchard

Aventure
Aventures

Activité	Aktivitéit
Amis	Frënn
Beauté	Schoonheid
Chance	Chance
Dangereux	Geffer
Destination	Zil
Difficulté	Schwierigkeit
Excursion	Ausflug
Inhabituel	Ongewéinlech
Itinéraire	Schäffe
Joie	Freed
Nature	Natur
Navigation	Lëtzebuerg
Nouveau	Nei
Préparation	Virbereedung
Sécurité	Safe

Avions
Fligeren

Air	Loft
Altitude	Höcht
Atmosphère	Atmosfär
Atterrissage	Landung
Aventure	Aventure
Ballon	Ballon
Carburant	Brennstoff
Ciel	Himmel
Construction	Bau
Descente	Ofstig
Direction	Richtung
Équipage	Crew
Hauteur	Héicht
Hélices	Propeller
Histoire	Historie
Hydrogène	Waasserstoff
Moteur	Motor
Passager	Passagier
Pilote	Pilot
Turbulence	Turbulenz

Ballet
Site

Artistique	Artistik
Chorégraphie	Choreographie
Compétence	Fäegkeet
Compositeur	Komponist.
Danseurs	Nzern
Expressif	Kräische
Geste	Geste
Intensité	Intensitéit
Muscles	Muskelen
Musique	Musik
Orchestre	Orchester
Public	Public
Rythme	Rhythmus
Style	Stil
Technique	Teknikk

Barbecues
Barbecue

Chaud	Waarm
Couteaux	Messer
Déjeuner	Mëtteg
Dîner	Diner
Enfants	Kanner
Été	Summer
Faim	Hunger
Famille	Famill
Fruit	Fruucht Giess
Gril	Grill
Jeux	Mvp
Légumes	Geméis
Musique	Musik
Oignons	Ënner
Poivre	Pfeffer
Poulet	Huhn
Salades	Salate
Sauce	Sous
Sel	Salz
Tomates	Tomate

Bateaux
Schëffer

Ancre	Anker
Bouée	Buet
Canoë	Kann
Corde	Seel
Équipage	Crew
Ferry	Bevëlkerung
Fleuve	Flos
Kayak	Kayak
Lac	Séi
Marée	Flut
Marin	Militant
Mât	Mast
Mer	Mier
Moteur	Motor
Nautique	Nautisch
Océan	Ozean
Radeau	Dee
Vagues	Wellen
Voilier	Segelboot
Yacht	Yacht

Bâtiments
Gebaier

Ambassade	Ambassy
Appartement	Appartement
Cabine	Kabinn
Château	Schlos
Cinéma	Kino
École	Schoul
Garage	Garage
Grange	Scheune
Hôpital	Spidol
Hôtel	Hotel
Laboratoire	Laboratoire
Musée	Museum
Observatoire	Observatioun
Stade	Stadion
Supermarché	Supermarkt
Tente	Zelt
Théâtre	Theater
Tour	Turm
Université	Universitéit
Usine	Fabriek

Camping
Campingsplaz

Amusement	Spass
Animaux	Déier
Arbres	Beem
Aventure	Aventure
Boussole	Kompass
Cabine	Kabinn
Canoë	Kann
Carte	Kaart
Chapeau	Huet
Chasse	Jacht
Corde	Seel
Feu	Fir
Forêt	Wald
Hamac	Hängematte
Insecte	Insekt
Lac	Séi
Lune	Mount
Montagne	Bierg
Nature	Natur
Tente	Zelt

Championnat
Meeschterschaft

Champion	Champion
Championnat	Championnat
Entraîneur	Trainer
Équipe	Team
Finaliste	Regner
Jeux	Mvp
Juge	Richter
Ligue	Liga
Médaille	Medail
Motivation	Motivatioun
Performance	Leeschtung
Sports	Sport
Stratégie	Strategie
Tournoi	Tournoi
Transpiration	Schweiss
Victoire	Victoire

Châteaux
Schlässer

Armure	Allbewaffnung
Bouclier	Schëld
Catapulte	Katapult
Cheval	Päerd
Chevalier	Ritter
Couronne	Kroun
Dragon	Draak
Dynastie	Dynastie
Empire	Räich
Épée	Schwert
Féodal	Feudal
Licorne	Monoceros
Mur	Mauer
Noble	Adel
Palais	Palass
Prince	Prënz
Princesse	Prinsesse
Royaume	Nigreich
Tour	Turm

Chocolat
Schockela

Amer	Jeremy
Cacahuètes	Erdnuss
Cacao	Kakao
Calories	Kalorien
Caramel	Karamel
Délicieux	Lescht
Doux	Séis
Exotique	Exotisk
Favori	Favorit
Goût	Fondue
Ingrédient	Um
Noix de Coco	Kokos
Qualité	Qualitéit
Recette	Rescht
Saveur	Gous
Sucre	Zucker

Cirque
Zirkus

Acrobate	Acrobat
Animaux	Déier
Ballons	Ballon
Costume	Kostum
Éléphant	Elefant
Jongleur	Jongleur
Lion	Louw
Magie	Magisch
Musique	Musik
Parade	Parade
Singe	Af
Spectateur	Spectateur
Tente	Zelt
Tigre	Tiger

Conduite
Bobet

Accident	Accident
Camion	Truckt
Carburant	Brennstoff
Carte	Kaart
Danger	Gefor
Freins	Bremsen
Garage	Garage
Gaz	Gass
Licence	Lizens
Moteur	Motor
Moto	Motorrad
Piéton	Foussgänger
Police	Police
Route	Road
Sécurité	Safe
Trafic	Trafik
Transport	Transport
Tunnel	Tunnel
Vitesse	Vitesse
Voiture	Auto

Corps Humain
Mënschleche Kierper

Bouche	Mond
Cerveau	Gehier
Cheville	Ankeel
Cou	Hals
Coude	Ielebou
Cœur	Härz
Doigt	Fanger
Estomac	Mo
Épaule	Scholler
Genou	Knie
Langue	Zong
Main	Hand
Mâchoire	Kiefer
Menton	Kënn
Nez	Neus
Oreille	Ouer
Peau	Haut
Sang	Blut
Tête	Kapp
Visage	Gesicht

Couleurs
Faarwen

Beige	Beige
Blanc	Wäiss
Bleu	Blo
Cyan	Zyan
Fuchsia	Fuchsie
Gris	Gro
Jaune	Giel
Magenta	Magenta
Marron	Brong
Noir	Schwaarz
Orange	Orange
Rose	Rosa
Rouge	Rout
Vert	Gréng
Violet	Mov

Cuisine
Kochnische

Baguettes	Stäbchen
Bol	Schoul
Bouilloire	Kettel
Congélateur	Friezer
Couteaux	Messer
Cruche	Krou
Cuillères	Lëschen
Épices	Rzen
Éponge	Schwamz
Four	Backofen
Fourchettes	Fork
Gril	Grill
Nourriture	Mat
Recette	Rescht
Réfrigérateur	Frigoen
Serviette	Service
Tablier	Schort
Tasses	Cup

Danse
Tanz

Académie	Academie
Art	Konscht
Chorégraphie	Choreographie
Classique	Klassisch
Corps	Kierper
Culture	Kultur
Culturel	Kulturell
Expressif	Kräische
Émotion	Emotion
Grâce	Gnade
Joyeux	Frësch
Mouvement	Bewegung
Musique	Musik
Partenaire	Partner
Rythme	Rhythmus
Traditionnel	Traditionell
Visuel	Visuell

Dinosaures
Dinosaurier

Ailes	Wings
Disparition	Verschwanne
Énorme	Enorm
Évolution	Evolutioun
Grand	Grouss
Herbivore	Planzen
Mammouth	Mammot
Omnivore	Allesfresser
Préhistorique	Prehistorisk
Queue	Schwäif
Reptile	Reptil
Taille	Gréisst
Terre	Äerd
Vicieux	Teufelskreis

Disciplines Scientifiques
Wissenschaftsdisziplinen

Anatomie	Anatomie
Archéologie	Archeologie
Astronomie	Astronomie
Biochimie	Biochemie
Biologie	Biologie
Botanique	Botanie
Chimie	Chemie
Écologie	Ökologie
Géologie	Geologie
Immunologie	Immunologie
Linguistique	Linguistik
Mécanique	Mechanik
Météorologie	Meteorologie
Minéralogie	Mineralogie
Neurologie	Neurologie
Physiologie	Physiologie
Psychologie	Psychologie
Sociologie	Sociologie
Thermodynamique	Thermodynamik
Zoologie	Zoologie

Eau
Waasser

Canal	Kanal
Douche	Dousch
Évaporation	Verdunstung
Fleuve	Flos
Gel	Duechteren
Geyser	Geiser
Glace	Äis
Humidité	Fiichtegkeet
Irrigation	Irrigatioun
Lac	Séi
Mousson	Monsun
Neige	Schnéi
Océan	Ozean
Ouragan	Hurrican
Pluie	Reen
Vagues	Wellen
Vapeur	Damp

Escalade
Kletteren

Altitude	Höcht
Atmosphère	Atmosfär
Blessure	Blescht
Bottes	Stiwwele
Carte	Kaart
Casque	Helm
Curiosité	Neugier
Expert	Expert
Étroit	Eng
Force	Kraft
Formation	Ausbildung
Gants	Handschuh
Grotte	Hiel
Randonnée	Weieren
Stabilité	Stabilitéit

Exploration
Exploratioun

Activité	Aktivitéit
Animaux	Déier
Courage	Couragéiert
Cultures	Kultur
Découverte	Entdeckung
Détermination	Bestëmmung
Espace	Raum
Épuisement	Erschöpfung
Inconnu	Onbekannt
Langue	Sprooch
Nouveau	Nei
Sauvage	Wëllt
Voyage	Rees

Échecs
Schachspill

Adversaire	Géigner
Blanc	Wäiss
Champion	Champion
Concours	Concours
Diagonal	Diagonal
Jeu	Spill
Joueur	Spiller
Noir	Schwaarz
Passif	Passiv
Reine	Queen
Règles	Regelen
Roi	Keng
Sacrifice	Dunn
Stratégie	Strategie
Temps	Zeit
Tournoi	Tournoi

École #1
Schoul #1

Alphabet	Alfabet
Amis	Frënn
Amusement	Spass
Bibliothèque	Bibliotek
Chaise	Hl
Crayon	Bläistëft
Déjeuner	Mëtte
Dossiers	Ordner
Enseignant	Léierin
Examens	Examen
Livres	Chern
Math	Mathematik
Papier	Papier
Réponses	Äntwert
Salle de Classe	Klassesall

École #2
Schoul #2

Académique	Akademisch
Bibliothèque	Bibliotek
Bus	Bus
Calendrier	Kalender
Chaussures	Schoen
Ciseaux	Schere
Crayon	Bläistëft
Devoirs	Hausaufgab
Dictionnaire	Wo
Enseignant	Léierin
Éducation	Bildung
Grammaire	Grammatik
Jeux	Mvp
Lecture	Liesen
Littérature	Literatur
Livres	Chern
Math	Mathematik
Ordinateur	Computer
Papier	Papier
Science	Wëssenschaft

Écologie
Ökologie

Bénévoles	Fräiwëlleger
Climat	Klima
Communautés	Communautéit
Diversité	Diversitéit
Faune	Fauna
Flore	Flora
Marais	Sumpf
Marin	Marine
Nature	Natur
Naturel	Naturell
Plantes	Planzen
Ressources	Ressourcen
Sécheresse	Dürre
Survie	Iwwerliewe
Végétation	Vegetatioun

Émotions
Emotiounen

Amour	Gären
Calme	Roueg
Colère	Wut
Ennui	Lëscht
Gentillesse	Gëtt
Joie	Freed
Paix	Fridde
Peur	Äscht
Reconnaissant	Dankbar
Satisfait	Zefridden
Sympathie	Sympathie
Tendresse	Zäitt
Tristesse	Trauer

Épices
Gewierzer

Aigre	Sauer
Ail	Knuewelek
Amer	Jeremy
Anis	Anis
Cannelle	Zimt
Cardamome	Kardemom
Coriandre	Koriander
Cumin	Mmel
Curcuma	Turmeich
Curry	Currypaste
Fenouil	Fenchelsamen
Gingembre	Ingwer
Muscade	Muskatnuts
Oignon	Ënner
Paprika	Paprika
Poivre	Pfeffer
Safran	Safiental
Saveur	Gous
Sel	Salz
Vanille	Vanille

Été
Summer

Amis	Frënn
Camping	Campingsplaz
Étoiles	Stärenhimmel
Famille	Famill
Jardin	Garden
Jeux	Mvp
Joie	Freed
Livres	Chern
Loisir	Fréischt
Mer	Mier
Musique	Musik
Nourriture	Mat
Plage	Strand
Plongée	Dauer
Relaxation	Relaxatioun
Sandales	Sandale
Vacances	Vakanz
Voyage	Rees

Famille
Famill

Ancêtre	Virfahre
Cousin	Koseng
Enfance	Kandheet
Enfant	Kand
Enfants	Kanner
Femme	Fra
Fille	Duechter
Frère	Brudder
Grand-Mère	Bomi
Grand-Père	Grousspapp
Mari	Mann
Maternel	Mütterlich
Mère	Mamm
Neveu	Neveu
Nièce	Niess
Oncle	Onkel
Paternel	Väterlich
Père	Papp
Soeur	Schwëster
Tante	Tant

Ferme #1
Bauerenhaff #1

Abeille	Biene
Agriculture	Landbruik
Âne	Esel
Bison	Bison
Champ	Feld
Chat	Kaz
Cheval	Päerd
Chèvre	Geess
Chien	Hond
Clôture	Fenz
Corbeau	Kräh
Eau	Waasser
Engrais	Dünger
Foin	Hei
Miel	Honig
Poulet	Huhn
Riz	Reis
Troupeau	Herde
Vache	Kuh
Veau	Kalf

Ferme #2
Bauerenhaff #2

Agneau	Lamm
Agriculteur	Bauer
Animaux	Déier
Blé	Weess
Canard	Ente
Fruit	Fruucht Giess
Grange	Scheune
Irrigation	Irrigatioun
Lait	Mëllech
Lama	Lama
Légume	Geméis
Maïs	Mais
Mouton	Schaf
Nourriture	Mat
Orge	Gerär
Pré	Wiese
Tracteur	Traktor
Verger	Orchard

Fleurs
Blummen

Bouquet	Blumenstrauss
Gardénia	Gardenie
Hibiscus	Hibiskus
Jasmin	Jasmin
Lavande	Lavendel
Lilas	Violette
Lys	Lilie
Magnolia	Magnolie
Marguerite	Daisy
Orchidée	Orchidee
Pavot	Mohn
Pissenlit	Wenzahn
Pivoine	Pfingstrose
Tournesol	Sonneblem
Trèfle	Klee
Tulipe	Tulip

Forêt Tropicale
Regenwald

Amphibiens	Amphibie
Botanique	Zäre
Climat	Klima
Communauté	Gemeng
Diversité	Diversitéit
Insectes	Insekten
Mammifères	Ugetieren
Mousse	Moos
Nature	Natur
Nuage	Wolken
Oiseaux	Vuel
Précieux	Wëscht
Préservation	Referenzen
Refuge	Zuflucht
Respect	Respekt
Restauration	Restauratioun
Survie	Iwwerliewe

Formes
Formen

Arc	Arc
Bords	Kante
Cercle	Krees
Coin	Eck
Courbe	Kurv
Cône	Kegel
Côté	Säit
Cube	Megaminx
Cylindre	Zylinder
Ellipse	Ellips
Hyperbole	Hyperbel
Ligne	Linn
Ovale	Oval
Polygone	Polygon
Prisme	Prisma
Rectangle	Rechteck
Triangle	Drieekel

Fournitures d'Art
Konscht Ëmgeréits

Acrylique	Acryl
Aquarelles	Wasserfarbe
Argile	Nieweflëss
Brosses	Bëscht
Caméra	Kamera
Chaise	HI
Chevalet	Staffelei
Colle	Leim
Crayons	Bleistifte
Créativité	Kreativitéit
Eau	Waasser
Encre	Tinte
Gomme	Radiergummi
Huile	Ueleg
Idées	Ideen
Papier	Papier
Table	Tabel

Fruit
Fruucht Giess

Abricot	Aprikose
Ananas	Anans
Avocat	Avocado
Baie	Berry
Banane	Banan
Cerise	Kirsche
Citron	Zitrone
Figue	Um
Framboise	Hambier
Goyave	Guave
Kiwi	Kiwi
Mangue	Mango
Melon	Meloun
Nectarine	Nektarin
Orange	Orange
Papaye	Papaya
Pêche	Piisch
Poire	Birne
Pomme	Apel
Raisin	Drauf

Géographie
Geographie

Altitude	Höcht
Atlas	Atlas
Carte	Kaart
Continent	Kontinent
Fleuve	Flos
Hémisphère	Hemisphär
Île	Insel
Latitude	Breedegrad
Mer	Mier
Méridien	Meridian
Monde	Welt
Montagne	Bierg
Nord	Norden
Océan	Ozean
Ouest	Westen
Pays	Land
Région	Regioun
Sud	Süden
Territoire	Territoire
Ville	Stad

Géologie
Geologie

Acide	Saier
Calcium	Kalcium
Caverne	Hiel
Continent	Kontinent
Corail	Korallen
Couche	Plang
Cristaux	Kristallen
Érosion	Erosioun
Fondu	Schmëlzen
Fossile	Haaptsächlech
Geyser	Geiser
Lave	Lava
Minéraux	Mineral
Pierre	Stein
Plateau	Plateau
Quartz	Quarz
Sel	Salz
Stalactite	Stalaktit
Volcan	Vulkan
Zone	Zon

Herboristerie
Herbalismus

Ail	Knuewelek
Aromatique	Aromatisk
Basilic	Basilikum
Bénéfique	Benefiziell
Culinaire	Kulinary
Estragon	Estragon
Fenouil	Fenchelsamen
Fleur	Bloem
Ingrédient	Um
Jardin	Garden
Lavande	Lavendel
Marjolaine	Majoran
Menthe	Minze
Persil	Petersilie
Qualité	Qualitéit
Romarin	Rosmarin
Safran	Safiental
Saveur	Gous
Thym	Thimei
Vert	Gréng

Insectes
Insekten

Abeille	Biene
Cafard	Kakerlake
Cigale	Zikade
Coccinelle	Déischlecht
Fourmi	Ameise
Guêpe	Wespe
Larve	Larve
Libellule	Libelle
Mante	Mantis
Moustique	Mücke
Papillon	Päiperlek
Puce	Flau
Puceron	Blattlaus
Sauterelle	Heuschrecke
Scarabée	Käfer
Termite	Termite
Ver	Wurm

Instruments de Musique
Musikalesch Instrumenter

Banjo	Hohlschrauben
Basson	Bassun
Clarinette	Klarinett
Flûte	Fl
Gong	Gong
Guitare	Gitar
Harpe	Harfe
Hautbois	Oboe
Mandoline	Mandoline
Marimba	Marimbas
Percussion	Perkussion
Piano	Piano
Saxophone	Saxophon
Tambour	Drum
Tambourin	Tamburin
Trombone	Bassposaune
Trompette	Trompet
Violon	Gei
Violoncelle	Cello

Jardin
Gaart

Arbre	Bam
Banc	Beng
Buisson	Busch
Clôture	Fenz
Étang	Teich
Fleur	Bloem
Garage	Garage
Hamac	Hängematte
Herbe	Gras
Jardin	Garden
Mauvaises Herbes	Weider
Pelle	Schoul
Râteau	Rake
Terrasse	Terrass
Trampoline	Trampolin
Tuyau	Schauch

Jouets
Sexspielzeug

Argile	Niewefläss
Artisanat	Handwierker
Avion	Fléier
Balle	Ball
Bateau	Boot
Camion	Truckt
Échecs	Schachspill
Favori	Favorit
Imagination	Phantasie
Jeux	Mvp
Livres	Chern
Poupée	Popp
Robot	Roboter
Tambours	Drum
Train	Zuch
Vélo	Veel
Voiture	Auto

Jours et Mois
Deeg a Méint

Août	August
Avril	Abrëll
Calendrier	Kalender
Dimanche	Sonnde
Février	Februar
Janvier	Januar
Jeudi	Donneschdeg
Juillet	Juli
Juin	Juni
Lundi	Méindeg
Mardi	Dënschdeg
Mars	Mäerz
Mercredi	Mëttwoch
Mois	Mount
Novembre	November
Octobre	Oktober
Samedi	Samschdeg
Semaine	Woch
Septembre	September
Vendredi	Freideg

Les Abeilles
Beien

Ailes	Wings
Bénéfique	Benefiziell
Cire	Wachs
Diversité	Diversitéit
Essaim	Schwarm
Écosystème	Ökosystem
Fleur	Bléi
Fleurs	Blummen
Fruit	Fruucht Giess
Fumée	Fauch
Insecte	Insekt
Jardin	Garden
Miel	Honig
Nourriture	Mat
Plantes	Planzen
Pollen	Pollen
Pollinisateur	Bestäuber
Reine	Queen
Ruche	Bienenkorb
Soleil	Sonn

Légumes
Geméis

Ail	Knuewelek
Algue	Alge
Artichaut	Artischocke
Aubergine	Eegplant
Brocoli	Brokkoli
Carotte	Karrot
Céleri	Sellerie
Citrouille	Kürbis
Concombre	Gurke
Échalote	Schallot
Épinard	Spinat
Gingembre	Ingwer
Navet	Troppel
Oignon	Ënner
Olive	Oliv
Persil	Petersilie
Pois	Erbse
Radis	Radisch
Salade	Salat
Tomate	Tomat

Littérature
Literatur

Analogie	Analogie
Analyse	Analys
Anecdote	Anekdot
Auteur	Auteur
Biographie	Biographie
Comparaison	Verglech
Conclusion	Fazit
Description	Beschreiwung
Dialogue	Dialog
Fiction	Fiktion
Métaphore	Metapher
Narrateur	Erzieler
Poème	Gedich
Poétique	Poetisk
Rime	Reim
Roman	Roman
Rythme	Rhythmus
Style	Stil
Thème	Thema
Tragédie	Tragedie

Livres
Bicher

Auteur	Auteur
Aventure	Aventure
Collection	Sammel
Contexte	Kontext
Dualité	Dualität
Épique	Episch
Histoire	Geschicht
Historique	Historisk
Humoristique	Humorvoll
Inventif	Inventiv
Lecteur	Lieser
Littéraire	Literaire
Narrateur	Erzieler
Page	Säit
Pertinent	Relevant
Poème	Gedich
Poésie	Poësie
Roman	Roman
Série	Serie
Tragique	Tragisch

Maison
Haus

Balai	Besen
Bibliothèque	Bibliotek
Chambre	Summer
Cheminée	Kamin
Clés	Pfeiltasten
Clôture	Fenz
Cuisine	Kochnische
Douche	Dousch
Fenêtre	Fënster
Garage	Garage
Grenier	Dachboden
Jardin	Garden
Lampe	Lampe
Miroir	Spiegel
Mur	Mauer
Plafond	Decken
Porte	Dier
Sous-Sol	Keller
Tapis	Spaweck
Toit	Dach

Mammifères
Mamendéieren

Baleine	Wal
Chat	Kaz
Cheval	Päerd
Chien	Hond
Coyote	Kojote
Dauphin	Delphin
Éléphant	Elefant
Girafe	Giraff
Gorille	Gorilla
Kangourou	Känguru
Lapin	Huet
Lion	Louw
Loup	Wolf
Mouton	Schaf
Ours	Gebären
Renard	Fuchs
Singe	Af
Taureau	Bull
Tigre	Tiger
Zèbre	Zebra

Mathématiques
Mathematik

Arithmétique	Arithmetisch
Circonférence	Ëmfang
Décimal	Dezimal
Diamètre	Duerchmiesser
Exposant	Exponent
Équation	Equatioun
Fraction	Fraktioun
Géométrie	Geometrie
Parallèle	Parallel
Périmètre	Perimeter
Polygone	Polygon
Rectangle	Rechteck
Symétrie	Symmetrie
Triangle	Drieekel

Mesures
Miessunge

Centimètre	Zentimeter
Degré	Grad
Décimal	Dezimal
Gramme	Gramm
Hauteur	Héicht
Kilogramme	Kilogramm
Kilomètre	Kilometer
Largeur	Breet
Litre	Liter
Longueur	Längt
Masse	Mass
Mètre	M
Minute	Minutt
Octet	Byte
Once	Onz
Poids	Gewicht
Pouce	Zoll
Profondeur	Déift
Tonne	Tonn

Méditation
Meditatioun

Acceptation	Unhuele
Calme	Roueg
Clarté	Klaritéit
Compassion	Mitgefühl
Enseignements	Léier
Esprit	Geescht
Émotions	Emotionen
Éveillé	Wakkert
Gentillesse	Gëtt
Gratitude	Dankbarkeit
Mental	Geistig
Mouvement	Bewegung
Musique	Musik
Nature	Natur
Paix	Fridde
Perspective	Perspektiv
Respiration	Omtem
Silence	Stille

Météo
Wieder

Arc-En-Ciel	Reebou
Atmosphère	Atmosfär
Brise	Brise
Brouillard	Niwwel
Calme	Roueg
Ciel	Himmel
Climat	Klima
Glace	Äis
Mousson	Monsun
Nuage	Wolken
Ouragan	Hurrican
Polaire	Polar
Sec	Drëcht
Sécheresse	Dürre
Température	Temperatur
Tempête	Sturm
Tonnerre	Donner
Tornade	Tornado
Tropical	Tropisk
Vent	Wand

Mythologie
Mythologie

Archétype	Archetyp
Catastrophe	Katastroph
Ciel	Himmel
Comportement	Verhale
Création	Schafung
Créature	Kreatur
Croyances	Berzeugungen
Culture	Kultur
Éclair	Blëtt
Force	Kraft
Guerrier	Krieger
Héros	Held
Jalousie	Jalousie
Labyrinthe	Labyrint
Légende	Seeche
Monstre	Monster
Mortel	Spaweck
Tonnerre	Donner
Vengeance	Rache

Nature
Natur

Abeilles	Beien
Animaux	Déier
Arctique	Arktis
Beauté	Schoonheid
Brouillard	Niwwel
Désert	Ste
Dynamique	Dynamisch
Érosion	Erosioun
Feuillage	Blëtt
Fleuve	Flos
Forêt	Wald
Glacier	Glazier
Nuage	Wolken
Paisible	Roueg
Sanctuaire	Hellegtum
Sauvage	Wëllt
Serein	Heiter
Tropical	Tropisk
Vital	Entscheedend

Nombres
Zuelen

Cinq	Fënnef
Deux	Zwee
Décimal	Dezimal
Dix	Zéng
Dix-Huit	Uechtzéng
Dix-Neuf	Nonzéng
Dix-Sept	Siebzehn
Douze	Zwielef
Huit	Aacht
Neuf	Néng
Quatorze	Véierzéng
Quatre	Vier
Quinze	Fofzéng
Seize	Sechzehn
Sept	Sewen
Six	Sechs
Treize	Dräizéng
Trois	Dräi
Vingt	Zwanzeg
Zéro	Null

Nourriture #1
Iessen #1

Ail	Knuewelek
Basilic	Basilikum
Café	Kaffe
Cannelle	Zimt
Carotte	Karrot
Citron	Zitrone
Épinard	Spinat
Fraise	Äerdbier
Jus	Juss
Lait	Mëllech
Navet	Troppel
Oignon	Ënner
Orge	Gerär
Poire	Birne
Salade	Salat
Sel	Salz
Soupe	Zopp
Sucre	Zucker
Thon	Tunn
Viande	Fleesch

Nourriture #2
Alimentatioun #2

Amande	Mandel
Aubergine	Eegplant
Banane	Banan
Blé	Weess
Brocoli	Brokkoli
Cerise	Kirsche
Céleri	Sellerie
Chocolat	Schockela
Jambon	Schinken
Kiwi	Kiwi
Mangue	Mango
Oeuf	Eeg
Pain	Brout
Pêche	Piisch
Poisson	Fisch
Pomme	Apel
Poulet	Huhn
Raisin	Drauf
Riz	Reis
Tomate	Tomat

Nutrition
Ernierung

Amer	Jeremy
Appétit	Appetit
Calories	Kalorien
Comestible	Essbar
Diète	Diét
Digestion	Verdauung
Épices	Rzen
Équilibré	Ausgewoge
Fermentation	Gärung
Glucides	Kolhydrate
Liquides	Ssigkeiten
Poids	Gewicht
Protéines	Protein
Qualité	Qualitéit
Sain	Gesond
Santé	Gesondheet
Sauce	Sous
Saveur	Gous
Toxine	Toxin
Vitamine	Vitamin

Océan
Ozean

Algue	Alge
Anguille	Aal
Baleine	Wal
Bateau	Boot
Corail	Korallen
Crabe	Krabbe
Crevette	Garnele
Dauphin	Delphin
Éponge	Schwamz
Huître	Auster
Méduse	Qualle
Poisson	Fisch
Poulpe	Krake
Requin	Hai
Récif	Riff
Sel	Salz
Tempête	Sturm
Thon	Tunn
Tortue	Deckelsmouk
Vagues	Wellen

Oiseaux
Villercher

Aigle	Adler
Autruche	Struus
Canard	Ente
Cigogne	Storch
Colombe	Douwen
Corbeau	Kräh
Coucou	Kuck
Cygne	Swan
Héron	Reiher
Manchot	Pinguin
Moineau	Spauer
Mouette	Möve
Oeuf	Eeg
Oie	Gäis
Paon	Pavo
Perroquet	Papagei
Pélican	Pelikan
Pigeon	Columba
Poulet	Huhn
Toucan	Toucan

Outils
Tools

Agrafeuse	Hefter
Câble	Kabel
Ciseaux	Schere
Colle	Leim
Corde	Seel
Couteau	Messer
Échelle	Leider
Hache	Ax
Marteau	Hammer
Pelle	Schoul
Pinces	Zange
Rasoir	Rasiermesser
Roue	Rad
Torche	Fackel
Vis	Schrauw

Outils de Cuisine
Kochen Lëtzebuerg

Bouilloire	Kettel
Ciseaux	Schere
Couteau	Messer
Couvercle	Deckel
Couverts	Bestick
Cuillère	Lëscht
Four	Backofen
Fourchette	Forschett
Grille-Pain	Spaweck
Passoire	Sieb
Poêle	Herd
Râpe	Reibe
Réfrigérateur	Frigoen
Spatule	Spachtel
Thermomètre	Thermometer

Pays #2
Länner, #2

Albanie	Albanien
Chine	Chinesesch
Danemark	Nemark
France	Frankräich
Haïti	Haïti
Indonésie	Ageloggt
Irlande	Irland
Jamaïque	Jamaika
Japon	Japan
Kenya	Kenia
Laos	Laos
Liban	Libanon
Mexique	Mexiko
Ouganda	Ugana
Pakistan	Pakistan
Russie	Russland
Somalie	Somalia
Soudan	Sudan
Syrie	Syrien
Ukraine	Ukrain

Paysages
Landschaften

Cascade	Waasserfall
Colline	Hill
Désert	Ste
Estuaire	Etuary
Fleuve	Flos
Geyser	Geiser
Glacier	Glazier
Grotte	Hiel
Iceberg	Robin
Île	Insel
Lac	Séi
Marais	Sumpf
Mer	Mier
Montagne	Bierg
Oasis	Oas
Péninsule	Hallinnel
Plage	Strand
Toundra	Tundra
Vallée	Dall
Volcan	Vulkan

Pêche
Fëscherei

Appât	Köder
Bateau	Boot
Branchies	Kieme
Crochet	Haak
Eau	Waasser
Exagération	Überdreiwung
Fleuve	Flos
Lac	Séi
Mâchoire	Kiefer
Océan	Ozean
Panier	Kuerf
Patience	Gedold
Plage	Strand
Poids	Gewicht

Pirates
Piraten

Ancre	Anker
Aventure	Aventure
Capitaine	Kaptain
Carte	Kaart
Cicatrice	Narben
Danger	Gefor
Drapeau	Anere
Épée	Schwert
Équipage	Crew
Grotte	Hiel
Île	Insel
Légende	Seeche
Mauvais	Schlecht
Océan	Ozean
Or	Gold
Perroquet	Papagei
Pièces	Mënten
Plage	Strand
Rhum	Rum
Trésor	Schätz

Plage
Strand

Bateau	Boot
Bleu	Blo
Côte	Küst
Crabe	Krabbe
Île	Insel
Lagune	Lagun
Mer	Mier
Océan	Ozean
Parapluie	Dirschen
Récif	Riff
Sable	Sand
Sandales	Sandale
Serviette	Handduch
Soleil	Sonn
Vacances	Vakanz
Voilier	Segelboot

Plantes
Planzen

Arbre	Bam
Baie	Berry
Bambou	Bambu
Botanique	Botanie
Buisson	Busch
Cactus	Kaktus
Engrais	Dünger
Feuillage	Blëtt
Fleur	Bloem
Flore	Flora
Forêt	Wald
Grandir	Wuesse
Haricot	Banen
Herbe	Gras
Jardin	Garden
Lierre	Efeu
Mousse	Moos
Racine	Root
Tige	Stammzelle
Végétation	Vegetatioun

Professions #1
Beruffer #1

Ambassadeur	Ambassadeur
Artiste	Kënschtler
Astronome	Astronom.
Avocat	Avocat
Banquier	Banquier
Bijoutier	Jeweller
Cartographe	Kartograph
Chasseur	Jeeër
Danseur	Dänzer
Entraîneur	Trainer
Éditeur	Editor
Géologue	Geolog
Infirmière	Klechter
Médecin	Dokter
Musicien	Musiker
Pianiste	Pianist
Plombier	Plummer
Pompier	Feuerwehrmann
Psychologue	Psycholog
Vétérinaire	Tierarzt

Professions #2
Beruffer #2

Astronaute	Astronaut
Bibliothécaire	Bibliothéik
Biologiste	Biolog
Chercheur	Fuerscher
Chirurgien	Chirurg
Dentiste	Zahnarzt
Détective	Detektiv
Enseignant	Léierin
Illustrateur	Illustrateur
Ingénieur	Ingenieur
Inventeur	Erfinder
Jardinier	Gärtner
Journaliste	Journalist
Linguiste	Zu Useldeng
Médecin	Dokter
Peintre	Maler
Philosophe	Philosoph.
Photographe	Fotograf
Pilote	Pilot
Zoologiste	Zoolog

Randonnée
Wanderen

Animaux	Déier
Bottes	Stiwwele
Camping	Campingsplaz
Carte	Kaart
Climat	Klima
Eau	Waasser
Falaise	Klipp
Fatigué	Midd
Lourd	Schwéier
Montagne	Bierg
Nature	Natur
Orientation	Orientatioun
Parcs	Parken
Pierres	Stein
Préparation	Virbereedung
Sauvage	Wëllt
Soleil	Sonn
Sommet	Spëtzt

Restaurant #1
Restaurant #1

Allergie	Allergie
Bol	Schoul
Café	Kaffe
Couteau	Messer
Cuisine	Kochnische
Dessert	Dessert
Épicé	Picke
Menu	Menü
Nourriture	Mat
Pain	Brout
Poulet	Huhn
Réservation	Reservatioun
Sauce	Sous
Serviette	Service
Viande	Fleesch

Restaurant #2
Restaurant #2

Chaise	HI
Cuillère	Lëscht
Déjeuner	Mëtte
Délicieux	Lescht
Dîner	Diner
Eau	Waasser
Épices	Rzen
Fourchette	Forschett
Fruit	Fruucht Giess
Gâteau	Kachen
Glace	Äis
Légumes	Geméis
Poisson	Fisch
Salade	Salat
Sel	Salz
Serveur	Water
Soupe	Zopp

Salle de Bains
Buedzëmmer

Bain	Bad
Bulles	Bubbels
Ciseaux	Schere
Douche	Dousch
Eau	Waasser
Éponge	Schwamz
Lotion	Lotion
Miroir	Spiegel
Parfum	Parfum
Robinet	Wasserhahn
Savon	Seef
Serviette	Handduch
Shampooing	Shampoo
Tapis	Spaweck
Toilette	Wc
Vapeur	Damp

Science
Wëssenschaft

Atome	Atom
Chimique	Chemesch
Climat	Klima
Données	Date
Expérience	Experiment
Évolution	Evolutioun
Fait	Fakt
Fossile	Haaptsächlech
Gravité	Gravitéit
Hypothèse	Hypothes
Laboratoire	Laboratoire
Méthode	Methode
Minéraux	Mineral
Molécules	Molekulen
Nature	Natur
Particules	Partikel
Physique	Physik
Plantes	Planzen

Science-Fiction
Science Fiktioun

Atomique	Atomic
Cinéma	Kino
Dystopie	Dystopie
Explosion	Explosioun
Extrême	Extrem
Fantastique	Fantastisk
Feu	Fir
Futuriste	Futuristisch
Galaxie	Galaxy
Illusion	Illusioun
Imaginaire	Imaginär
Livres	Chern
Monde	Welt
Mystérieux	Geheimnisvoll
Oracle	Orakel
Planète	Planet
Robots	Roboter
Technologie	Technologie
Utopie	Utopie

Sports
Sport

Arbitre	Arbitter
Athlète	Athlet
Base-Ball	Baseball
Basket-Ball	Basket
Championnat	Championnat
Entraîneur	Trainer
Équipe	Team
Gagnant	Gewënner
Golf	Golfplatz
Gymnase	Fitnessraum
Gymnastique	Eriwwer.
Hockey	Eishockey
Jeu	Spill
Joueur	Spiller
Mouvement	Bewegung
Stade	Stadion
Tennis	Tennisplatz
Vélo	Veel

Surf
Windsurfen

Amusement	Spass
Athlète	Athlet
Champion	Champion
Débutant	Ufänger
Estomac	Mo
Extrême	Extrem
Force	Kraft
Mousse	Schumm
Océan	Ozean
Plage	Strand
Populaire	Populär
Récif	Riff
Style	Stil
Vitesse	Vitesse

Technologie
Technologie

Blog	Blog
Caméra	Kamera
Curseur	Cursor
Données	Date
Écran	Écran
Fichier	Datei
Internet	Internet
Logiciel	Software
Message	Homepage.
Navigateur	Browser
Numérique	Digital
Octets	Byte
Ordinateur	Computer
Sécurité	Sécherheet
Statistiques	Statistik
Virtuel	Mei
Virus	Virus

Temps
Zäit

Année	Joer
Annuel	Annuell
Après	No
Avant	Fir
Bientôt	Geschw
Calendrier	Kalender
Décennie	Dekade
Futur	Zukunft
Heure	Stonn
Hier	Gestern
Horloge	Auer
Jour	Dag
Maintenant	Elo
Matin	Moien
Midi	Meiden
Minute	Minutt
Mois	Mount
Nuit	Nuecht
Semaine	Woch
Siècle	Joerhonnert

Types de Cheveux
Hoer Zorte

Blanc	Wäiss
Blond	Blond
Boucles	Kurlen
Brillant	Schnëtt
Chauve	Kahl
Court	Kort
Doux	Mëll
Épais	Deck
Frisé	Curleg
Gris	Gro
Lisse	Glat
Long	Lang
Marron	Brong
Mince	Dënn
Noir	Schwaarz
Sain	Gesond
Sec	Drëcht
Tressé	Flechten

Vacances #1
- Vakanz - #1

Avion	Fléier
Devise	Währung
Douane	Zoll
Expédition	Expeditioun
Itinéraire	Schäffe
Lac	Séi
Musée	Museum
Parapluie	Dirschen
Relaxation	Relaxatioun
Sac à Dos	Rucksak
Touriste	Tourist
Tram	Tram
Valise	Koffer
Voiture	Auto

Vacances #2
- Vakanz - #2

Aéroport	Fluchhafen
Camping	Campingsplaz
Carte	Kaart
Destination	Zil
Étranger	Auslänner
Hôtel	Hotel
Île	Insel
Loisir	Fréischt
Mer	Mier
Passeport	Pass
Plage	Strand
Taxi	Nieweroll
Tente	Zelt
Train	Zuch
Transport	Transport
Visa	Visa
Voyage	Reis

Vertus #1
Schliisslech #1

Artistique	Artistik
Bon	Gutt
Charmant	Charmant
Curieux	Kräft
Décisif	Encisiv
Efficace	Effektiv
Fiable	Verlëftig
Généreux	Villen
Indépendant	Onofhängeg
Modeste	Ënnert
Passionné	Passionatioun
Patient	Patient
Pratique	Praktisk
Propre	Sauber
Sage	Weis
Utile	Hëllefful

Véhicules
Nutzfahrzeuge

Ambulance	Krankenwagen
Avion	Fléier
Bus	Bus
Camion	Truckt
Caravane	Roulotten
Ferry	Bevëlkerung
Fusée	Rakéit
Hélicoptère	Helikopter
Métro	Bunn
Moteur	Motor
Pneus	Pneuen
Radeau	Dee
Scooter	Roller
Sous-Marin	Boot
Taxi	Nieweroll
Tracteur	Traktor
Train	Zuch
Vélo	Veel
Voiture	Auto

Vêtements
Kleedung

Bracelet	Armband
Ceinture	Ceinture
Chapeau	Huet
Chaussure	Schoen
Chemise	T-Shirt
Chemisier	Bluse
Collier	Kette
Foulard	Schal
Gants	Handschuh
Jeans	Jean
Jupe	Rock
Manteau	Mantel
Mode	Mode
Pantalon	Box
Pull	Pullovere
Pyjama	Schlafanzug
Robe	Kleid
Sandales	Sandale
Tablier	Schort
Veste	Jacke

Ville
Stad

Aéroport	Fluchhafen
Banque	Bank
Bibliothèque	Bibliotek
Boulangerie	Bäckerei
Cinéma	Kino
Clinique	Klinik
École	Schoul
Fleuriste	Florist
Galerie	Galerie
Hôtel	Hotel
Librairie	Bookshop
Magasin	Späicheren
Marché	Maart
Musée	Museum
Pharmacie	Apdikt
Stade	Stadion
Supermarché	Supermarkt
Théâtre	Theater
Université	Universitéit
Zoo	Zoo

Félicitations

Vous avez réussi !

Nous espérons que vous avez apprécié ce livre autant que nous avons pris plaisir à le concevoir. Nous faisons de notre mieux pour créer des livres de la meilleure qualité possible.
Cette édition est conçue pour permettre un apprentissage intelligent et de qualité en se divertissant !

Vous avez aimé ce livre ?

Une Simple Demande

Nos livres existent grâce aux avis que vous publiez. Pourriez-vous nous aider en laissant un avis maintenant ?

Voici un lien rapide qui vous mènera à votre
page d'évaluation de vos commandes :

BestBooksActivity.com/Avis50

CHALLENGE FINAL !

Défi n°1

Êtes-vous prêt pour votre jeu bonus ? Nous les utilisons tout le temps mais ils ne sont pas si faciles à trouver. Voici les **Synonymes** !

Notez 5 mots que vous avez trouvés dans les puzzles notés ci-dessous (n°21, n°36, n°76) et essayez de trouver 2 synonymes pour chaque mot.

Notez 5 Mots du **Puzzle 21**

Mots	Synonyme 1	Synonyme 2

Notez 5 Mots du **Puzzle 36**

Mots	Synonyme 1	Synonyme 2

Notez 5 Mots du **Puzzle 76**

Mots	Synonyme 1	Synonyme 2

Défi n°2

Maintenant que vous vous êtes échauffé, notez 5 mots que vous avez découverts dans les Puzzles n° 9, n° 17, n° 25 et essayez de trouver 2 antonymes pour chaque mot. Combien pouvez-vous en trouver en 20 minutes ?

Notez 5 Mots du **Puzzle 9**

Mots	Antonyme 1	Antonyme 2

Notez 5 Mots du **Puzzle 17**

Mots	Antonyme 1	Antonyme 2

Notez 5 Mots du **Puzzle 25**

Mots	Antonyme 1	Antonyme 2

Défi n°3

Formidable ! Ce défi final  n'est rien pour vous.

Prêt pour le dernier défi ? Choisissez 10 mots que vous avez découverts parmi les différents puzzles et notez-les ci-dessous.

1.	6.
2.	7.
3.	8.
4.	9.
5.	10.

Maintenant, composez un texte en pensant à une personne, un animal ou un lieu que vous aimez !

Astuce: Vous pouvez utiliser la dernière page de ce livre comme brouillon !

Votre Composition :

_____

_____

_____

_____

_____

_____

_____

CARNET DE NOTES :

À TRÈS BIENTÔT !

Toute l'équipe

DECOUVREZ DES JEUX GRATUITS

GO

↓

BESTACTIVITYBOOKS.COM/FREEGAMES